跟着孩子来策展

图解幼儿园策展活动的设计与实施

Build Art Exhibition with Kids

编著　农若安　龚　艳

华东师范大学出版社
上　海

图书在版编目（CIP）数据

跟着孩子来策展：图解幼儿园策展活动的设计与实施 / 农若安，龚艳编著. -- 上海：华东师范大学出版社，2024. -- ISBN 978-7-5760-5665-5

Ⅰ. G613.6

中国国家版本馆CIP数据核字第2025J3Q169号

跟着孩子来策展——图解幼儿园策展活动的设计与实施

编　　著　农若安　龚　艳
责任编辑　沈　岚
责任校对　姜　峰　时东明
特约策划　方　菁
装帧设计　卢晓红

出版发行　华东师范大学出版社
社　　址　上海市中山北路3663号　邮编 200062
网　　址　www.ecnupress.com.cn
电　　话　021-60821666　行政传真　021-62572105
客服电话　021-62865537　门市（邮购）电话　021-62869887
地　　址　上海市中山北路3663号华东师范大学校内先锋路口
网　　店　http://hdsdcbs.tmall.com

印 刷 者　上海邦达彩色包装印务有限公司
开　　本　787毫米×1092毫米　1/16
印　　张　14
字　　数　293千字
版　　次　2025年5月第1版
印　　次　2025年5月第1次
书　　号　ISBN 978-7-5760-5665-5
定　　价　68.00元

出 版 人　王　焰

序　言

关于美育的一场实验

刘旭光

本书所展现的内容，具有美育的实践价值，也有美学的理论价值，本书作者与教师们组织了一场了不起的实验，其意义值得从事美育研究与实践的同仁们关注与思考。

目前所开展的美育活动有其局限，即美育的对象是儿童，美育行为的发起者是教师，在美育过程中，孩子是被动的接受者，是被塑造与被教育的对象，这有违美育的根本原则——即美育应是化育或熏陶，而不是合目的性的"教育"，其根本目的是促成孩子的全面发展。因此，孩子在美育中应当是主动的，他们主动去审美，主动去参加艺术活动，并获得熏陶，最终成为独立的、有自己的思想与情感、有行动能力的人。如果在美育的过程中孩子只是被动的参与者，那这个目的是无法实现的。这是美育工作者必须反思的情况，也是需要在实践中去变革的地方。

这本书所呈现的便是龙山幼儿园的美育变革，让孩子自己举行策展活动，以达成翻转美育实施主体的目的。教师尝试让孩子

CONTENTS

目录

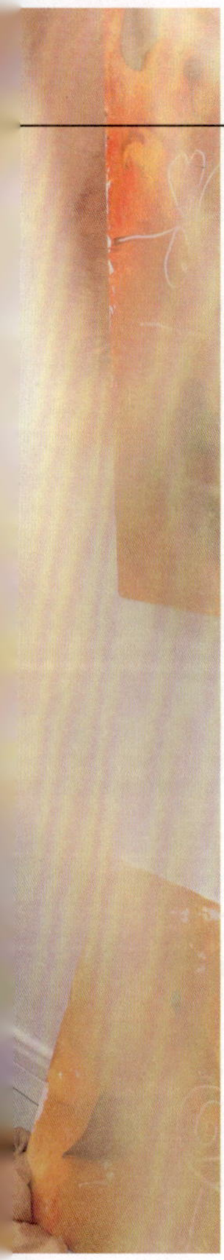

案例索引

你
好！
家长会
家
乐·轮转
存·瞬间

帮我装饰吧!
我的裙子上
有四季的轮换

前 言

由一次线上毕业展
引发的“策展”研究

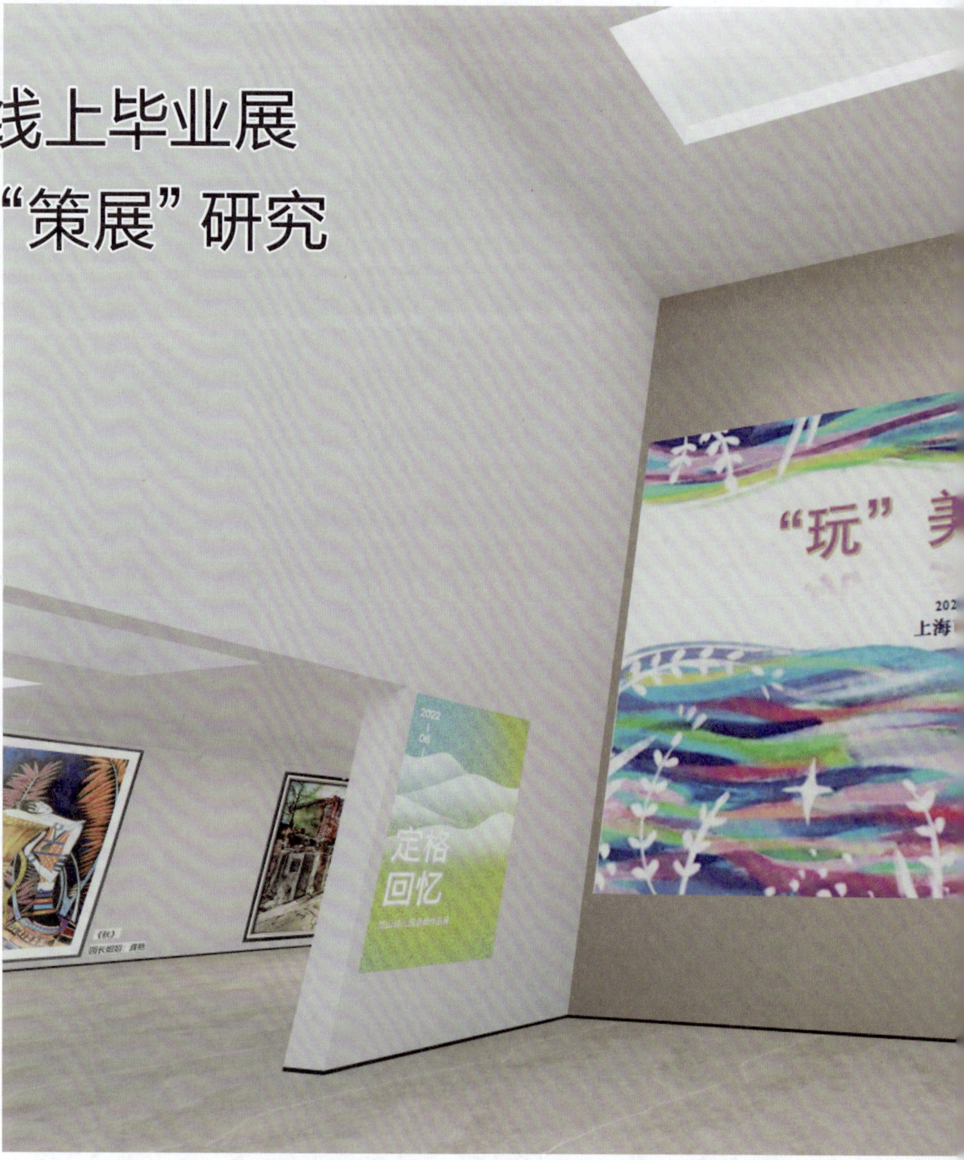

2022 年 6 月，龙山幼儿园在线上开展了一次毕业生作品展。此次线上美术展由师生共同策划组织，展示了 100 多名大班毕业生以及教师的近 200 幅作品，分为五个主题区。3000 多名观众在网络上观赏展览，点击率高达 1 万次，幼儿、教师、家长给予一致好评。这次线上展览为大班幼儿留下了一份珍贵且印象深刻的童年记忆。

相较于原先线下展览时幼儿作品的摆放受到场地和空间的限制，线上展览提供了更大的展厅空间，师生开始共同思考：作品放哪里？怎样摆放？除了展品陈列，还可以展示什么内容？……正是这样一次线上策展的经历，引发了我们对于美育教育的重新审视。

既往的研究经历

龙山幼儿园自 2014 年起便在徐汇区科研室的指导下，开展区级课题《感受欣赏入手提升幼儿美术活动中想象与创造能力的行动研究》《关注学习品质的美术集体活动设计与实施》，以及参与教研员主持的《幼儿个别化学习活动中的深度学习》《幼儿园项目化学习的设计与实施》等研究，期望能在“玩美龙山、完美童年”课程理念之下丰富幼儿园的美术教育课程内容，优化美术教学方法，提升教师专业素养。随着研究深入，我们进一步认识到美术是幼儿自我表达的一种途径。然而，不同类型的美术学习环境对幼儿持续自主表现的支持作用存在差异，教师现有的教学方法、指导策略难以支持幼儿经验迁移。

其后，龙山幼儿园依托课题《支持幼儿自

1

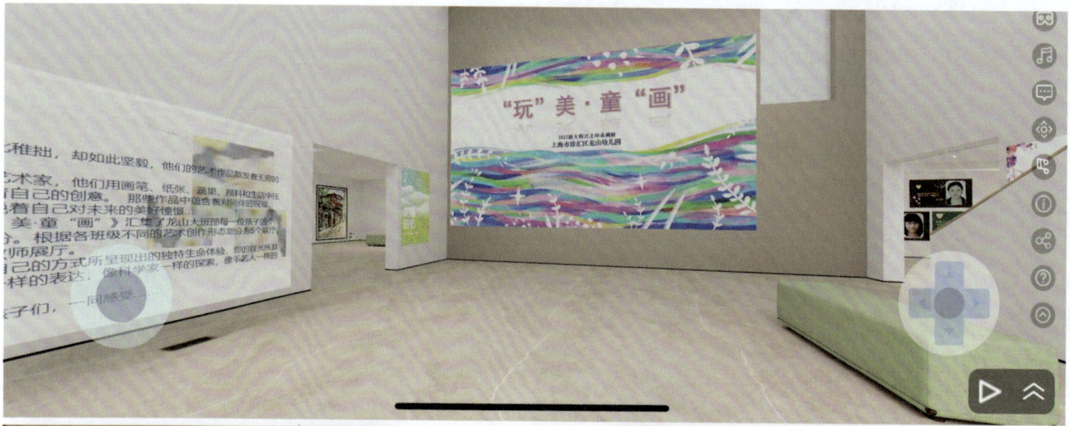

2

3

4

5

1 ＞ 2022 年龙山幼儿园线上美术展主页
2 ＞ 大一班“别样的我”主题区
3 ＞ 大二班“纸艺空间”主题区
4 ＞ 大三班“花天花地”主题区
5 ＞ 大四班“线条世界”主题区

主表现的美术学习环境构建与实践》的研究，围绕“幼儿美术学习环境”进行实践与经验总结，提出为幼儿提供美术创作所需的各种物质的学习资源（空间、材料、工具、信息资源等）和非物质的人际互动（师幼、同伴互动等），支持幼儿在创作过程中通过与环境中的各种物质与非物质的学习资源进行充分交流互动，继而开展绘画、造型、玩色、欣赏等艺术创作活动。

2022年的线上策展经历让教师团队产生了新的思考：策展，一种融合了各种物质资源和非物质人际互动的综合学习资源载体，会不会就是我们正在探索的更优化、更综合的“玩美活动”新样态，“策展思维”能否成为幼儿园开展美术活动的创新方式以及构建美术学习环境的新思路？于是，教师团队开始有针对性地探索如何在幼儿园里“跟着孩子来策展”，例如创设“月月展”活动，每个月都组织幼儿进行策展、分享、解说，将幼儿园的美术展作为重要的学习环境纳入教育计划。

聚焦“策展”研究

2023年，龙山幼儿园申报研究项目《指向幼儿主动学习的“玩美活动”实施方式的变革研究——以策展活动为例》，在“上海市提升中小学（幼儿园）课程领导力行动研究（第四轮）”成功立项。至此，我们开始聚焦“策展”，探索它在幼儿园的实现方式，期望以此创新实践，引导幼儿更加主动地学习，同时推动教师观念与行为转变，深化课程内涵。

首先，我们围绕着“策展思维”“策展人”“策展活动”等概念搜集诸多文献，组织教师团队进行学习，并就相关观点达成共识。

策展的概念

我们发现策展归属于艺术领域，是艺术领域的工作内容，同时也是一种方法论。策展可被概括为：通过独特的策展思维将艺术作品在空间中以视觉的方式进行信息传播、沟通与交流。策展是艺术文化领域中的一项具体业务工作，包括策划主题、遴选展品、设计空间和观展路线、撰写介绍词等，同时策展还包括对展览进行管理，意味着掌控展览，即让一场展览能够顺利地完成。

幼儿园策展的独特性

幼儿园的策展活动是将师幼共同创作的艺术作品在幼儿园空间里以视觉化的方式进行信息传播、沟通与交流。龙山幼儿园开展的策展活动是以师幼共同构建的方式进行的，师幼共同参与并管理从前期策划（主题确定、作品收集、场地确定等）、中期准备（作品甄选与说明、场地规划与布置、海报及活动发布等）到后期展陈（现场讲解与示范、观展路线引导、交流与分享等）的整个过程，确保一场展览顺利完成。

幼儿园的策展活动要以幼儿为中心，围绕某个主题，以视觉方式将幼儿的作品及其他与主题相关的物品展陈在特定的空间里，这是集艺术欣赏、信息传播、沟通与体验于一体的综合艺术活动。在策展过程中，师幼共同构建整个展览，教师尊重幼儿的想法与表达，让幼儿深度参与前期策划、中期准备和后期展陈，从而支持幼儿自主表达，激发幼儿的好奇心和创

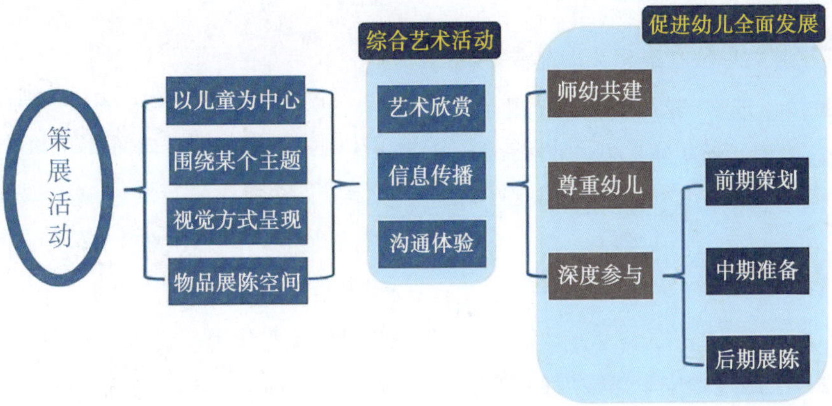

1 > 幼儿园策展活动的关键词

造力，促进幼儿的全面发展。

本书呈现的正是龙山幼儿园围绕幼儿园策展活动所开展的研究与实践成果。我们将幼儿园策展活动的操作路径总结如下：

1. 策展主题源于经验

策展主题的由来与确立源于主题核心经验下幼儿的兴趣点以及生发的问题探究。幼儿园首先通过问卷调查、幼儿日记、家园沟通、师幼沟通交流等方式了解幼儿的已有经验，并对其梳理汇总，再通过投票、点赞、分组等方式，结合教师对幼儿年龄特点及最近发展区的判断，师幼共同确立策展主题。

2. 策展主体幼儿为本

秉持“幼儿为本”的理念，组织实施活动时应坚持“幼儿发展优先”，即无论是在策展的前期准备实施过程还是后续的评价调整中，要始终立足幼儿立场，从幼儿视角进行审视，以幼儿的行为表现作为评价反馈的依据，从中看见幼儿的学习。

3. 策展空间因地制宜

可以依据展览的主题、内容来选择适宜的展示空间，打破室内室外的空间概念，充分利用大厅、走廊、墙面、教室、桌面等角角落落进行展览，既能带来强烈的视觉冲击，也能最大程度激发幼儿的参与兴趣。围绕策展主题以及策展内容，空间布局需要体现动线的流畅性，合理规划作品的陈列方式。例如，历史人文类主题适宜采用时间轴的动线方式，艺术作品类主题适宜采用以艺术风格、作品特点分类的动线方式，也可以利用空间特点进行动线的规划布局，因地制宜，合理利用每个墙面、橱柜、互动设备来陈列展品。

4. 策展素材家园合作

鼓励以家庭为单位收集相关展品或材料，让家长一起参与进来，这不仅可以丰富展品来源，也能让策展活动从幼儿园延伸至家庭，让家长看见幼儿园的课程，看见幼儿的兴趣和发展。

5. 策展过程问题驱动

在策展的实施过程中聚焦策展的主题内容，教师围绕材料收集、作品制作、作品陈列、小组合作以及评价反馈等流程以问题驱动的方式对幼儿进行引导，引发幼儿对具体策展过程的关注与兴趣，激发幼儿的主动参与以及自主表现。

6. 策展评价三方互动

每一个主题展览的成效都会由教师、幼儿以及家长三方进行评价反馈。教师结合园所自制的《自主表现行为观察量表》对幼儿在策展过程中的行为表现进行观察和分析，判断幼儿在策展过程中获得的发展与学习；依据幼儿的年龄特点，支持幼儿之间进行体验性、操作性、表达性的互动，为幼儿的自评、互评提供机会；在家园共育方面，教师利用线上线下多渠道采集来自家长的反馈评价，如公众号、问卷调研、家长采访、家委会座谈等。

7. 策展优化基于反思

基于三方共评反馈的情况，教师对策展的实施过程进行反思，并作进一步调整。在这种“实践一评价一反思一再实践”的模式中不断优化幼儿园的美术学习环境，完善策展活动的实施路径，提升教师组织策展活动的专业能力。

本书内容正是基于以上总结而具体展开的，围绕“展什么”“如何展”“谁来展”“为什么展”四个维度进行阐述，总结丰富多样的策展活动组织方法，以期为其他幼儿园在课程建设及活动组织方面提供思路与借鉴。书中通过生动案例与实用建议，展示了如何将“策展思维”融入日常教学中，鼓励教育者关注每一位幼儿的个体差异，激发其内在潜能。同时，本书还探讨了如何整合家庭、社区资源，构建全方位、立体化的教育环境，为孩子们提供更加丰富、多元的学习体验。

我们期望本书能够帮助幼儿园管理者与教师们打破传统的活动组织框架，勇于创新实践，将幼儿园打造成一座由幼儿参与建设的美术馆。期待本书成为幼儿园课程建设的重要参考，成为推动幼儿教育质量提升、促进幼儿全面发展的有力工具。

2022 年龙山幼儿园线上美术展

右图是 2022 年 6 月龙山幼儿园举办的毕业生线上作品展“玩美童年里的美术展”中大一班“别样的我”展览入口。欢迎扫码线上观展。

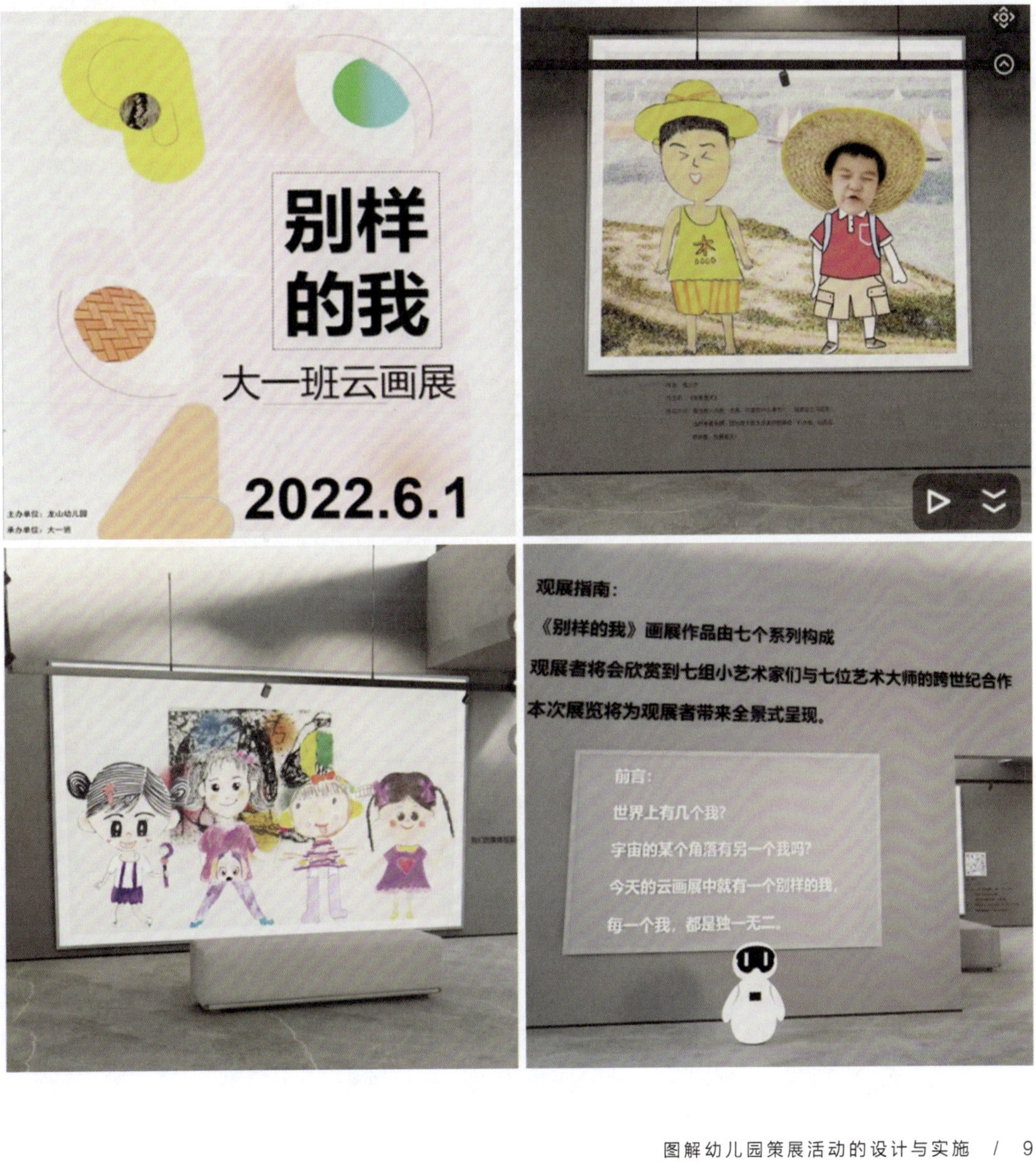

第一章

展什么?

规划幼儿园策展的主题

如何让策展与幼儿园课程紧密结合且符合幼儿年龄特点，是幼儿园开展策展活动的难点、痛点，以往鲜有人尝试。我们摸着石头过河，坚持策展过程由幼儿主导，让策展成为支持幼儿自主表达的艺术表达方式和幼儿园活动的新样态，首先是如何规划适宜的策展活动主题。

1 > 教师提供材料和示范作品，幼儿的作品虽略有差异，但在结构上与示范作品几乎一致。

2 > 在制作过程中，幼儿一直牢记教师关于蝴蝶“对称”特征的强调。在介绍自己的作品时大多会提到：“这是我做的蝴蝶，它身上的花纹都是对称的，十分好看。”

1

2

一、策展活动的主题来源

策展活动必须有主题，但主题从何而来，是教师预设，还是幼儿生成？这是在最初研究和实践幼儿园策展活动时便困扰着教师团队的问题。从由教师主导到由幼儿主导，再到师幼共同构建，我们经历了三个阶段，在反复的“实践—总结思考—再实践”的过程中，对幼儿园策展活动的主题规划有了更深的思考。也由此得出幼儿园策展活动的主题规划应当是一个结合幼儿需求、教师专业知识，并经过双方充分互动进行综合考虑的过程。

1. 教师主导阶段

在这个阶段，由教师决定活动的主题、内容、设计与实施，即教师主导的“教”。幼儿更多是跟着教师“学”。在这一教学样态中，我们发现，即使幼儿的兴趣、能力和想法有所不同，但提供的环境、材料却很雷同，导致幼儿创作出的作品千篇一律。幼儿的表达表现更像是为

3

4

3/4 > 幼儿根据提示制作“小花园”作品，虽然黏土的用色不同，但花朵形态相似，塑造的方法也雷同。

1

1 > 孩子们拿着树叶沾上颜料玩拓印，颜料越来越少，拓印出的树叶轮廓也开始变得不完整，然而孩子们乐此不疲。教师产生疑惑："拓印的目的究竟是敲着玩，还是复现和观察各种树叶的形状？"

了满足成人的想法，无法凸显其主动学习的过程和兴趣。

2. 幼儿自由发挥阶段

当教师注意到幼儿艺术创作雷同的现象后，便尝试改变，进入到第二阶段，即以幼儿为主导，只要是幼儿感兴趣的话题，教师就充分支持。活动开展得热热闹闹，然而教师却发觉无法分析和深挖幼儿兴趣背后的教育价值，也对教师在幼儿活动中的作用产生了些许困惑。

3. 师幼共同设计与决策阶段

大班幼儿经历过"我是中国人"主题学习，在学习过程中获得了许多与中国传统文化相关的经验，如纹样美学、少数民族风俗、传统表演艺术，也对他们当下生活中能够接触到的科技创新充满了好奇与自豪。接下来便遇上幼儿园常规要举办的秋艺美术展，于是教师向幼儿抛出问题："你想举办一个什么样的展览？"幼儿马上将自己在"我是中国人"主题学习中获得的经验进行了迁移，有的从亚运会联想到想举办一场属于他们自己的运动会，有的想举办航天展，有的想玩皮影戏，有的想展示各种好看的纹样，还有的想探秘更多的少数民族。渐渐确定了由所有大班幼儿、教师共同策展大型秋艺美术展"童眼看中国"。

此次活动让教师团队意识到幼儿的主动

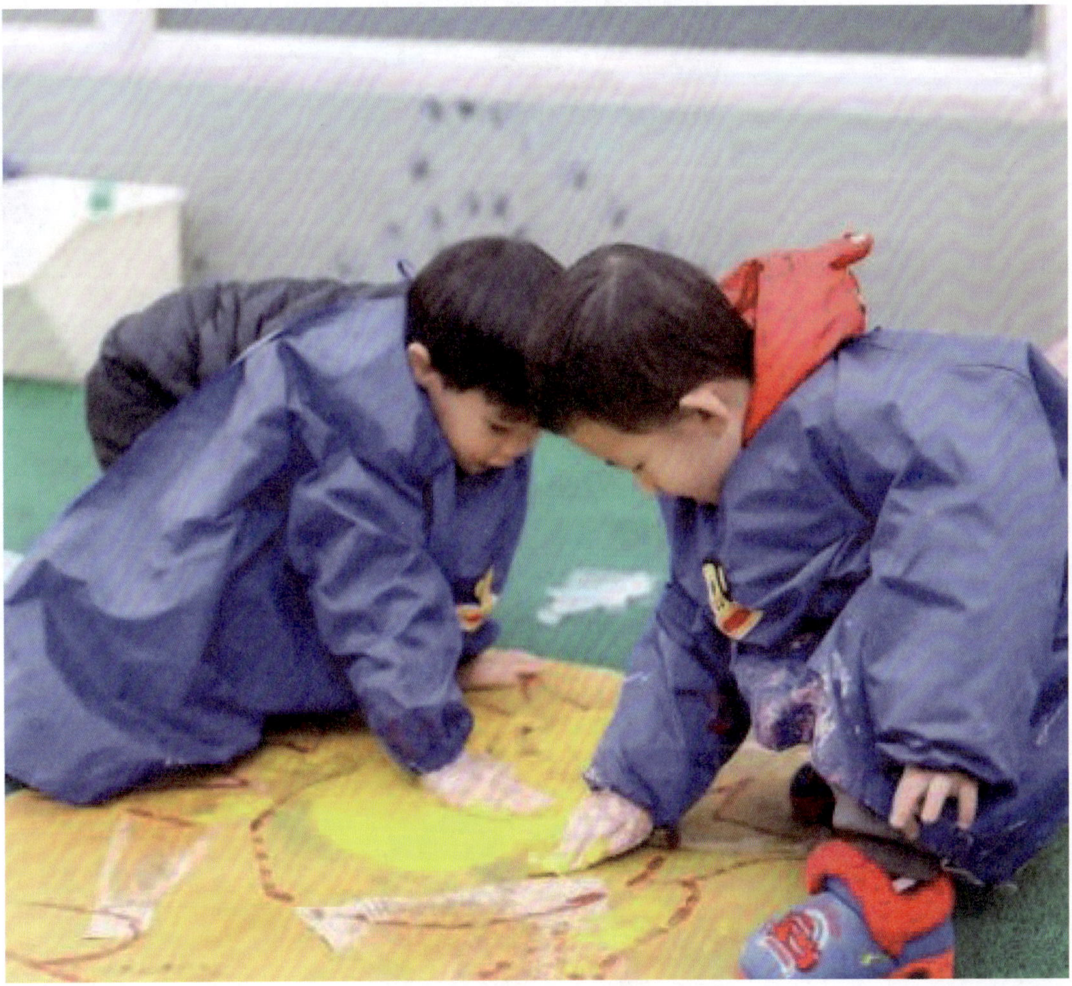

2

2 > 两个孩子正在用手给向日葵涂上漂亮的颜色，可是不一会儿，便玩起了颜色，将小手统统抹上了黄色，互相击掌玩。教师产生疑惑："孩子想要用手去创作，教师给予了支持，可是现在他们只是在单纯地玩颜料，我需要介入吗？"

1 ＞“皮影小组”的幼儿为展览内容设计了若干展区：在皮影小站，幼儿可以想象并制作与表演内容相关的人偶和道具，皮影小剧场和皮影知识驿站展示了幼儿查阅资料、排练表演、设计剧本、搭建舞台和绘制门票等活动的过程片段以及获得的经验。

1

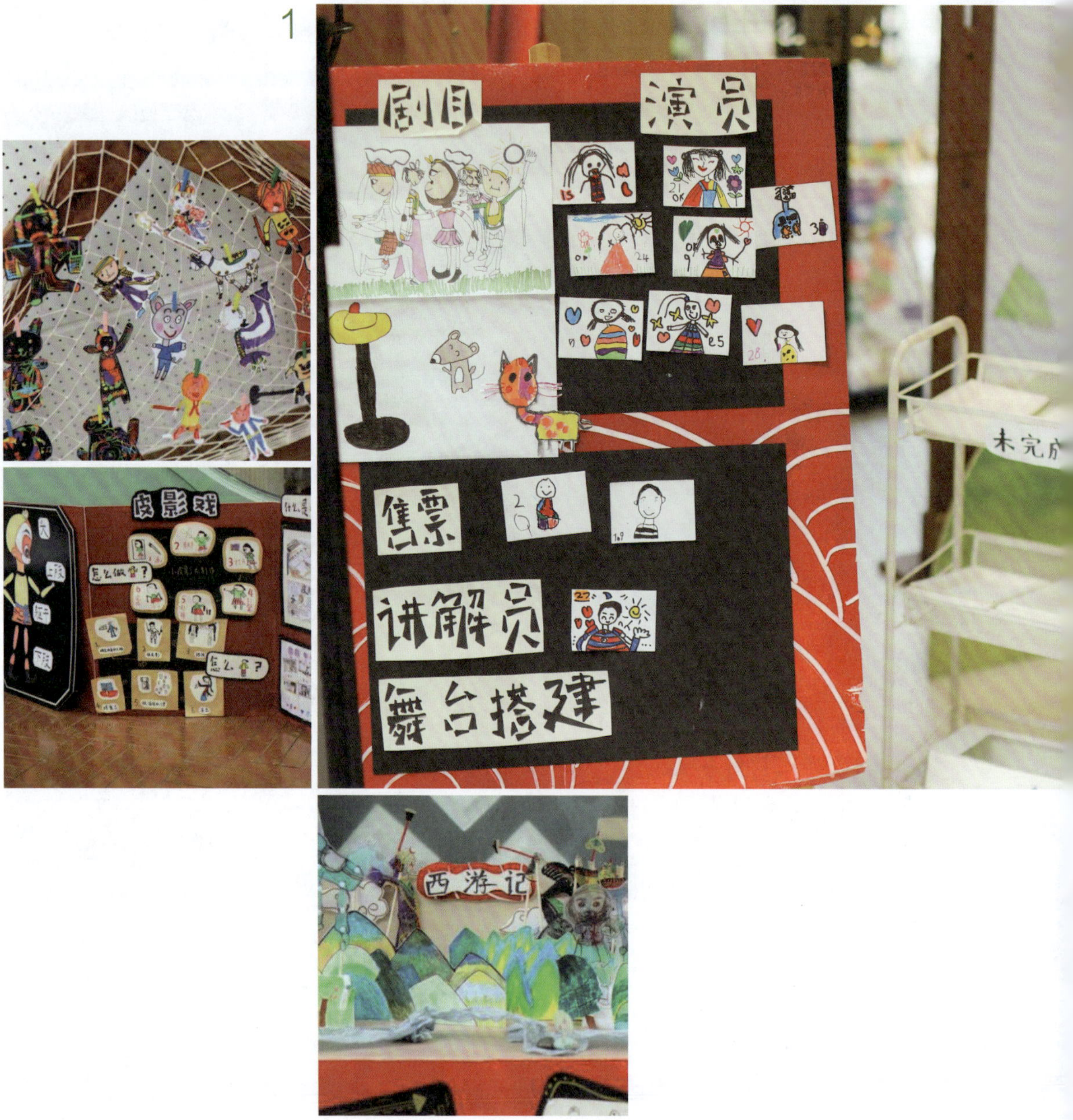

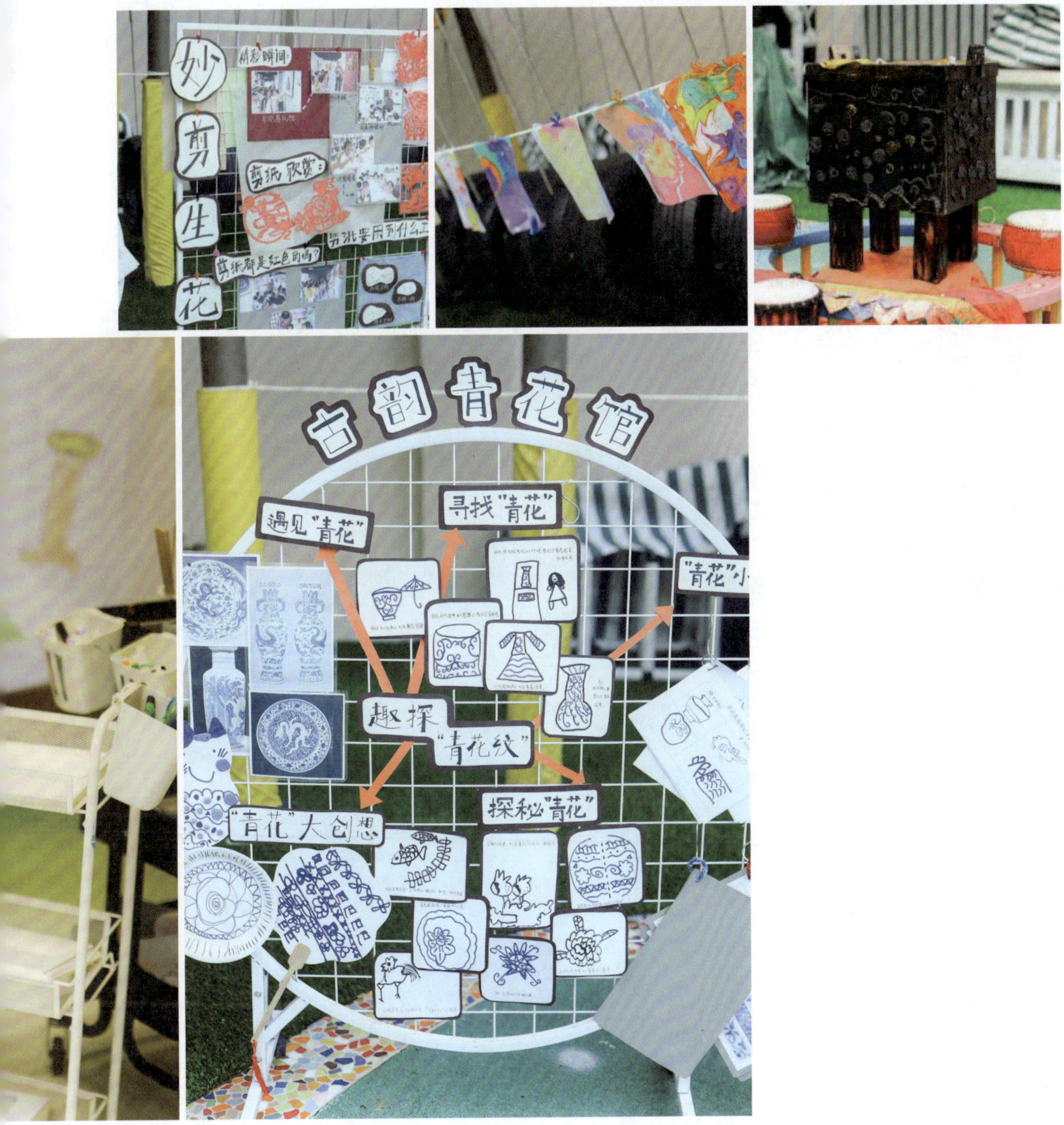

2

2 > 幼儿从周边环境发现了许多美丽而特别的纹样，基于对不同纹样的兴趣，分别开设了妙剪生花馆、青铜纹样馆、古韵青花馆、水拓实验室等展览区域，在设计和制作展品的过程中，将艺术创作与语言表达、科学探索、日常生活等融合起来。

1

1 > 结合班级热点话题“少数民族”，教师和幼儿共同决定举办一场展览，通过策展、观展的方式走进少数民族。经过班级内的投票，苗族选项获得的票数最多，展览主题“苗族奇旅”就此确定下来。

2 > 在看到杭州亚运会成功举办的新闻后，幼儿也萌生了举办一场班级运动会的想法。通过欣赏奖杯、奖牌的实物，他们了解了奖杯、奖牌的意义和设计理念，尝试设计制作属于自己的运动会奖杯和奖牌以及周边作品。

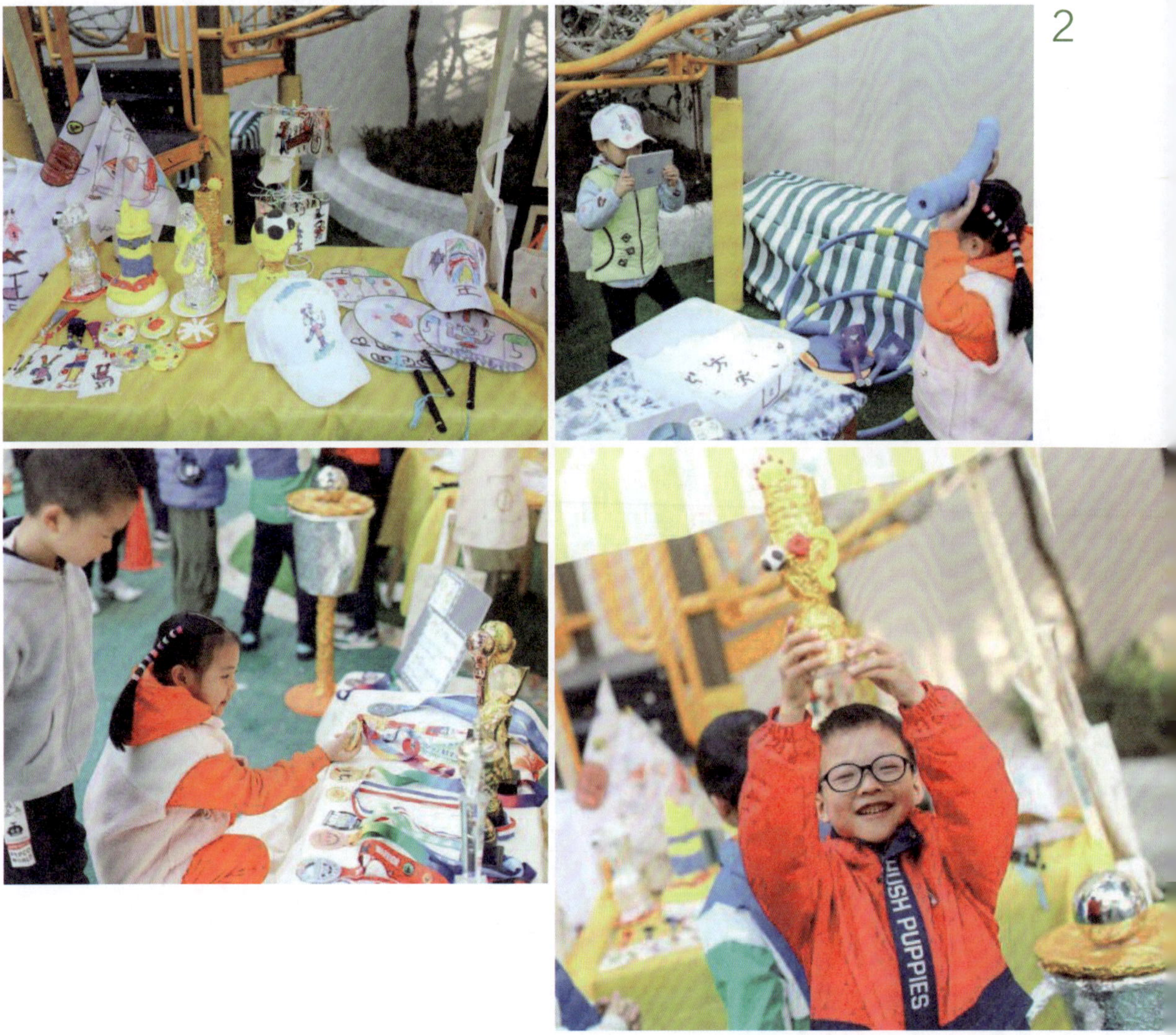

2

学习更多来自他们天然产生的兴趣和需要，教师要提供及时和足够的引导与支持。幼儿园策展活动的主题可以源自幼儿的生活经验、兴趣热点，也可以源自他们主题学习的经验和进一步认知的需求。

二、策展主题的操作路径

策展项目开始之前，首先要找到一个合适的主题，教师和幼儿要一起参与主题的确定，因为一个好的策展主题不仅要符合幼儿的兴趣，推动他们进一步理解，同时也要与教师的兴趣、水平以及幼儿园的客观条件相匹配。

教师可以将幼儿经历过主题学习后产生的兴趣、需求收集起来，以此为基础，和他们共同确定一个策展主题。也可以与一个已经完成的策展项目相关联，引申出一个幼儿愿意进一步探究的新主题。当然，教师还可以主动提供一个策展项目的主题，只要它能获得大部分幼儿的认同，激发出他们的参与兴趣。

要开始一个成功的策展项目，除了考虑幼儿对主题的兴趣，还要考虑其他条件。例如，主题对幼儿来说应该是熟悉的、有一定经验铺垫，这样他们才能够从中展开自己的想法，即使是看起来很大众化的主题，如果它的内容是幼儿难以理解的，也无法获得令人满意的效果；策展项目涉及的活动及作品必须是可以安全实施的；同时应确保有足够的资源提供给幼儿，以完成策展项目所需的各种探索和操作。

教师在和幼儿共同商讨策展主题时，也应该考虑到这一主题是否适合幼儿园的实际情况。例如，这个策展主题是否能够融入园本课程的教育计划中，是否有利于幼儿的家庭参与进来，家长中是否存在相关的专业人员为幼儿提供探究资源，或者向教师提供支持与指导。

总而言之，一个好的策展主题要能激励幼儿使用不同的方式来表达，以不同的创意来展示，同时它符合幼儿园倡导的教育价值，能融入园本课程的教育计划，幼儿园也具备一定的人力条件和物质条件来支持实现。

从本研究项目初始到深入，龙山幼儿园采取“走进来，请出去”的策略，为教师组织了多项艺术类培训课程，例如走进大师系列培训、策展思维下的环境创设培训、自然艺术实验培训，还实地参观上海多家美术馆及艺术展（龙美术馆、敦煌艺术展、大师艺术展等），以此提高教师的艺术审美，帮助教师学习创设艺术展览的必要元素，如主题策划、动线安排、展品陈列以及语言导览等。此外，还借助互联网浏览国外博物馆的在线资源，例如美国大都会博物馆、波士顿幼儿博物馆等，拓宽教师对不同类型主题展览的视野。

依托于龙山幼儿园的共同性课程的主题活动与选择性课程的特色活动，我们开展了一系列策展实践，基于对这些实践的分析与反思，我们发现在幼儿园内开展以下策展主题能够产生更佳的教育成效，兼顾幼儿的参与兴趣与教育价值。

表1　策展主题（部分）

类型	策展主题	与主题课程的关联	核心经验
自然之美	花研室	来源于共同性课程的主题活动：春天来了	1. 了解并认识生活中常见的花，对花的色、香、形产生兴趣。 2. 愿意尝试用各种方法表现花的美，萌发对美的感受力、表现力、创造力。
	千言万羽	来源于共同性课程的主题活动：动物大世界	1. 认识常见的鸟，并在此基础上形成对鸟的初步认识。 2. 结合4月1日爱鸟日，学习通过查阅资料获得有关鸟类的多种信息，能以各种方式积极参与护鸟行动，培养爱鸟、护鸟的情感和初步的环保意识。
	动物保护区	来源于共同性课程的主题活动：动物大世界	1. 通过展示动物的特征与环境、生长与变化等方面的习性，增强对动物的尊重和关注，愿意与动物的和谐共处。 2. 展示动物与动物、动物与人的关系，强调人类与动物之间的紧密联系和相互依存。愿意为保护动物和守护自然环境贡献自己的一份力量。
生活之美	汽车博物馆	来源于共同性课程的主题活动：马路边	1. 探索各种各样车的相同和不同之处，以多种形式感知、了解车。 2. 在前期探索经验的基础上，通过多种方式寻找答案和创造性表征。 3. 充分发挥想象力和创造力，制作不同外观和功能的车。 4. 表达和分享自己的创作感受和意图，能与同伴交流和讨论。
	毛线的世界	来源于共同性课程的主题活动：有用的工具	1. 借助编织、绣制、纺织等多种毛线手工艺品制作，了解毛线是一种简单而且广泛应用的物品，同时也是连接人们和手工艺品创作的桥梁。 2. 知道毛线可以被编织成各种形状和图案，还可以与其他材料结合，尝试创造出独特的艺术效果。
	未来城市	来源于共同性课程的主题活动：我们的城市	1. 感受城市的魅力，增强对城市的归属感和自豪感，积极参与和关注城市的发展。 2. 对比城市在过去和现在的变化，展望未来，思考和想象城市的发展。 3. 创意设计并展示对未来城市的想象思考和憧憬未来的生活。
艺术之美	点点的世界	来源于选择性课程的特色活动：走进大师系列·草间弥生	1. 感受草间弥生以点状图案和鲜艳的色彩为特征创造的独特艺术风格。 2. 在创作点状图案作品的过程中了解点状图案的象征意义，感受视觉冲击。

（续表）

类型	策展主题	与主题课程的关联	核心经验
	国色秀	来源于选择性课程的特色活动：走进大师系列·中国画	1. 了解中国颜色的种类和来源，乐于发现中国色在生活中的美。 2. 愿意用中国色制作更多有趣的东西并展示。
	童心趣染	来源于共同性课程的主题活动：我是中国人	1. 丰富对不同布艺工艺的了解，能根据不同的材料特质选择适宜的方式进行艺术创作，为“布”赋予新的艺术价值。 2. 愿意对中国的多元文化和地域差异有更深入的了解。探索运用各种不同方式，如手工染色（手绘、扎染、泼染等）、编织以及刻印等，把布变得漂亮，并用这些漂亮布做成各种有用的物品。 3. 通过扎染布艺感受中国民间文化的精髓，产生对中国传统文化的热爱与珍视。
	只此青绿	来源于选择性课程的特色活动：走进大师系列·《千里江山图》	1. 欣赏《千里江山图》这一重要艺术作品，感受其壮丽的气势和广阔的视野，对祖国山河产生热爱之情。 2. 在模仿、创新中再现《千里江山图》的自然景观和人文景观，深刻感受自然与人文的和谐共生。 3. 通过欣赏作品产生对中国传统绘画艺术的赞美和热爱，在创作中感受中国文化的博大精深和艺术的无穷魅力。
	春色江南	来源于选择性课程的特色活动：走进大师系列·吴冠中	1. 深入了解吴冠中的艺术成就与风格特色，感受其作品具有的浓厚江南情怀和艺术感染力。 2. 用自己喜爱的方式展示江南地区的自然风光、传统文化元素和人文景观，和同伴交流感受。
人文之美	文字会说话	来源于共同性课程的主题活动：我是中国人	1. 思考文字本身的文化内涵与交流功能，采用多种方法表征自己所看到的文字，如能用图画、符号等不同形式表示自己不会写的汉字，丰富解决问题的途径。 2. 欣赏文字的美学价值和表现力，提升文化认知和文字表达能力。 3. 在珍视与探索中国传统文字文化的过程中提高用文字进行表达的意愿。
	石库门	来源于选择性课程的特色活动：走进大师系列·海派文化	1. 了解海派文化的代表性元素和特色，如石库门建筑、上海风情等，感受海派文化的独特魅力。 2. 将海派文化与自己的生活联系起来，发现其在现代城市生活中的影响和应用，产生对海派文化的创新与思考。

第二章

如何展？升级幼儿园策展活动的空间与环境

通过实践，我们发现：一次深入有趣的策展是对幼儿学习环境的全新构建。策展提供了丰富的物质学习资源，在空间上舒适有序，鼓励移动，幼儿可以在不同展区欣赏和观察作品。在观展过程中，各种类型和材料的作品得以集中呈现，还设置了互动区域让幼儿体验，具有开放性和挑战性。在策展过程中，增加了很多艺术欣赏的作品陈列，在信息层面具有有益性和审美性。同时，策展是一个集前期创意策划、中期准备和后期展陈、讲解等诸多环节于一体，融合艺术、语言、社会和科学探索的综合性活动，提供了大量非物质人际互动的机会，有助于促进高质量的同伴互动和师幼互动。

一、改造空间与环境

我们希望幼儿园为幼儿提供更多有趣味的“体验”空间，让幼儿与艺术的交互不再停留于“看”，而是能“玩”起来。于是将每个月的学习主题与幼儿的兴趣点和班级策展主题加以通盘考虑，在幼儿园内打造出八大体验空间，以此实现沉浸式体验与互动。这些空间分别是：

公共空间
——门厅、走廊
专用空间
——美工室、户外美术区
教室空间
——创意门、主题墙、微景观、美工区

幼儿园的美术学习环境资源包含全园公共区域和班级区域，我们综合考虑园所的室内室外空间，通过改造“一扇门、一面墙、一条廊、一个角、一个区”构建出“角角落落皆有美”的美术学习空间。再结合每月学习主题发现幼儿的兴趣点，从中生发出策展主题，与幼儿一起将幼儿园的空间环境打造成完整的策展空间，鼓励幼儿随着策展主题的变化对空间进行调整。

（一）公共空间

1. 门厅

“月月展”是在园所门厅举办的艺术展览的统称，每个月固定组织幼儿在此区域进行策展、分享、解说，其设置意图是扩展出更多的作品呈现空间，让幼儿的作品拥有更多的“观众”。其他班级的“观众”能够在此观赏互动，也为他们提供了鉴赏与评价的机会。此展览主要设置在门厅这一空间，门厅的布局会随着不同班级当下展览主题的需要，由幼儿发起优化，以确保“观众”能够流畅地欣赏展览。展品的陈列顺序经过幼儿多轮商讨、精心策划，以他们认为的最佳方式展现出来。

总的来说，通过设置于门厅的“月月展”，一方面为“策展”的幼儿提供了一处展示空间，让他们体验艺术与空间的相互融合，另一方面为“观展”的幼儿提供了了解其他班级学习内容的机会，激发起他们更广泛的兴趣和更深入的探索意愿。

案例：月月展“你好！秋天”

秋天是个神秘的季节，也是一个丰收的季节。秋天在哪里？也许藏在缤纷的落叶里，也许藏在丰收的果实里。疫情阻挡了孩子们外出的脚步，但阻挡不了孩子们追寻秋天的童心，龙山幼儿园的孩子们用月月展的形式展示他们对秋天的探寻成果。

▶ 小班展览

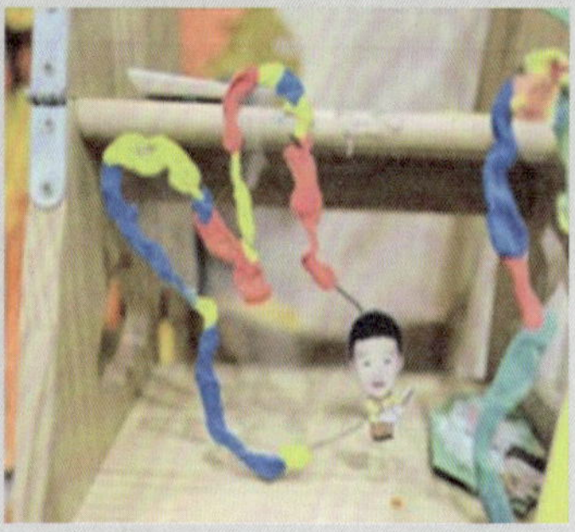

整体设计　这是一处小班展览空间，以仿真落叶为顶部装饰，以棉布为背景。

作品陈列　将幼儿作品展陈在空间的中央，以深色系落叶辅助装饰。

作品来源　幼儿在美工区创作艺术作品，然后将其布置在月月展空间里。

互动体验　喜欢这一展览的小班幼儿可以拿取篮子里的苹果贴纸，再放进左侧的“榨汁机”里，逐渐增多的“苹果汁”可以让幼儿直观看到展览的受欢迎程度，也便于小班幼儿参与到对展览的评价之中。

互动体验　在展览区域内还提供了若干可点亮发光的苹果灯，观展的幼儿可以将其摆放或者悬挂在喜欢的作品处，再按下按钮，点亮苹果灯。这种评价方式既让幼儿表达了对自己喜欢的作品的支持，又能自然地装饰环境。

▶ 中班展览

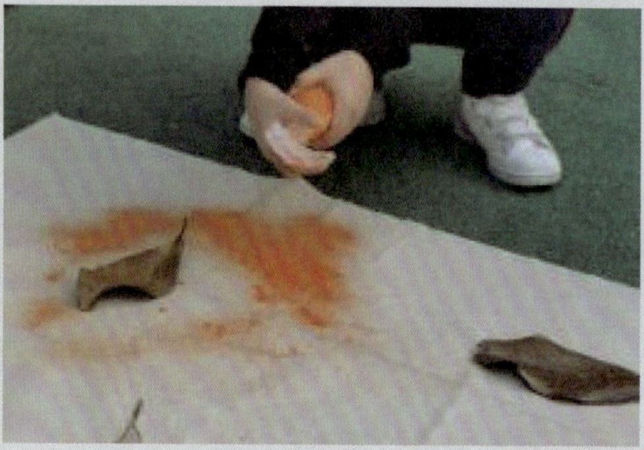

整体设计　这是一处中班展览空间，以不同形状、颜色的 KT 板作为背景，使用大量代表秋天的棕黄色色块和树叶造型进行装饰。

作品陈列　将大部分幼儿作品以垂挂的方式集中布置，余下的作品零散陈列于四周，以多种秋天的自然物，如落叶、松果等，辅助装饰。

作品来源　教师提供机会，支持幼儿在户外进行落叶喷绘创作，或利用落叶进行拼贴画、彩绘画创作。再由幼儿自选作品在月月展空间里展示。

互动体验　设置评价区，幼儿可以用身边常见的落叶作为道具进行投票。喜欢哪种类型的作品，就在相应的投票箱内投入一枚自己收集的落叶。

互动体验　幼儿可以通过插入自己头像标签的方式来表达对某个作品的喜爱，同时也让自己的形象成为一种装饰布置。

▶ 大班展览

整体设计　这是一处大班的展览空间，前景用稻草垛装饰，后景以麻布和橘色系KT板装饰，上方垂挂着黄色系纱布和幼儿作品。

作品陈列　幼儿作品分组陈列，周围用多种秋天收获的果实实物，如南瓜、玉米、红薯、栗子等，辅助装饰。

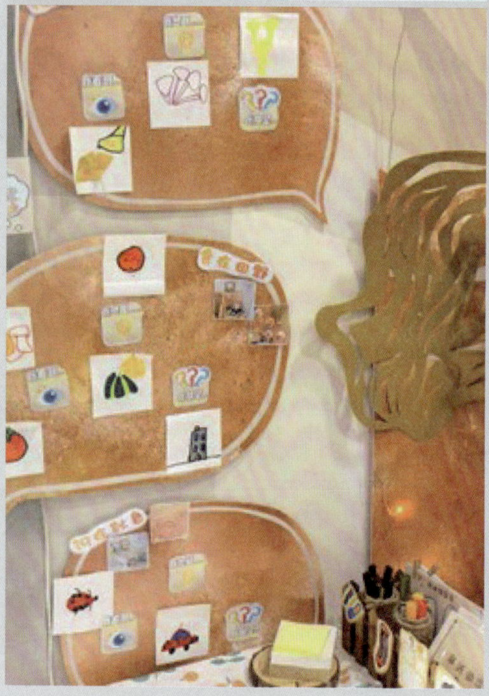

作品来源　幼儿用欧克泥捏出秋天丰收的果实，使用各类纸艺和彩笔绘出秋日的落叶和花朵。

互动体验　以图示的方式提示幼儿用多种方式观赏展览（看、听、摸等）。为观众提供纸笔，鼓励观众观赏完后以个性化表征的方式留下自己的感受，将其展示在互动区，成为展览的组成部分。

▶ 推荐阅读　为了扩展幼儿经验、提升幼儿的创作水平和观赏水平，可以在美工区内为创作者、在展区内为观赏者提供相关主题的图画书。秋天主题的参考书目如下：

《100 只蚂蚁，100 片树叶》《风中的树叶》《落叶跳舞》《落叶窃窃私语》《秋天的魔法》《小树的四季》《叶子先生》《落叶捉迷藏》

教师在支持幼儿创作以及引导幼儿观展的过程中，也会有针对性地关注其中蕴含的审美元素。例如：

▶ 色彩

教师鼓励幼儿寻找、搜集秋天的颜色，发现秋天树叶、花朵的颜色变化，了解自然中农作物的色彩特征，根据所见所闻探寻秋天的色彩。

▶ 形状

教师引导幼儿将彩色透明片剪成不同的形状，拼贴、组合成作品。

教师鼓励幼儿观察大自然中丰收的果实，了解不同的果实有不同的形态，综合运用材料进行组合和创作。

▶ 点线面布局

点、线、面是排版布局的基本元素。教师引导幼儿选择不同形状的彩色透明片，使用马克笔在上面画出点、线元素，再进行组合，形成具有一定构图特点的作品。

通过点、线、面的不同形态结合，可以产生多种表现手法和形象。在幼儿使用各类综合材料创作的时候，或者在其他幼儿观赏展览的时候，教师会有针对性地引导幼儿关注单幅作品以及整体区域内的布局特点，鼓励幼儿欣赏并讲述自己的发现和感受。

案例提供者：沈翊漾

2. 走廊

为了打破原有空间的局限，我们从以下三方面对走廊进行了改造：

（1）利用墙面：走廊的墙面可以用来展示幼儿的艺术作品、绘画、手工制品等。通过装饰和展示，墙面成为幼儿创作的展示空间，激发他们的自信心和创造力。

（2）创造互动区域：在走廊中设置互动装置或展示板，鼓励幼儿参与其中，通过触摸、感知、互动等方式来体验艺术。

（3）考虑照明和色彩：走廊的照明和色彩要能够营造出良好的学习和创作氛围。合适的照明和色彩方案可以增强幼儿对艺术作品的欣赏和理解。

1

2

3

1 > 走廊成为孩子展示与欣赏作品的“画廊”。

2 > 在走廊放置大型艺术装置，孩子在休息时观赏、在好奇时摆弄，通过体验感受艺术。

3 > 借助楼梯上下移动的路线，可以从不同视角观看作品。

案例：走廊上的艺术大师

创意美术是龙山幼儿园的特色，我们尝试将艺术大师的风格和特色融入走廊环境，以“开放性、互动性、展示性、适切性”的理念进行创设和布置，以此拓展幼儿学习、探索与交往的空间，搭建展示平台，实现促进幼儿情感、社会与个性协调发展的教育目的。

这个空间内展陈的一部分是经过挑选的大师作品，一部分是幼儿的创作作品。教师与幼儿共同选择展览的作品，共同商量布置的方式。在此过程中，教师有针对性地引导幼儿关注大师艺术创作的特点，感受大师作品中的概念元素，并将其用于自己的创作。

整体设计　走廊的环境规划是多维度的，墙面、地面、楼梯的空间都要纳入考虑，再基于儿童视角（儿童的兴趣点、适宜的视线位置、吸引人的互动方式）对相关元素进行整体规划和创设。

经过培训学习与实践观察，我们总结出适合不同年龄段欣赏、感受的艺术大师及其具有独特元素的作品。

▶ 适合小班幼儿欣赏和感受的艺术大师

草间弥生：出生于1929年，被称为日本现存的经典艺术家，她的艺术创作由无限重复的波点、鲜明的色彩和对比、夸张的线条组成，是通过抽象符号创作而成的艺术作品。

作品来源　教师在美工区提供大师作品及多样化的材料和工具，支持幼儿在欣赏、感受后综合运用波点元素进行艺术创作。将幼儿作品及展示幼儿创作过程的照片集中呈现在走廊空间。

互动体验　幼儿将波点贴纸贴在保丽龙球或走廊的墙面、扶手等区域，装饰出具有草间弥生风格的走廊环境。

彼得·蒙德里安：出生于1872，于1944年逝世，荷兰画家，对后世的建筑、设计等影响很大，自称“新造型主义”，又称“几何形体派”。其最具个人特色的画作都是运用线条和红黄蓝色块制成的，绘画图像中对几何分割及三原色的使用，使整个画面看上去简洁、明朗、富有韵律。

作品来源　教师提供不同形状的红、黄、蓝色磁贴，幼儿可以在走廊墙面上自主组合、拼贴出大型作品。

互动体验　作品大多布置在幼儿可触及的位置，既方便幼儿创作，也方便幼儿观赏和改造。创作者与观赏者合二为一，展品的内容可以随时发生变化。

▶ 适合中班幼儿欣赏和感受的艺术大师

胡安·米罗：生于1893年，于1983年逝世，西班牙加泰罗尼亚画家、雕塑家、陶艺家、版画家，超现实主义的代表人物。自创的符号及色块构成是其独特的个人风格，他喜欢在色彩鲜艳的背景上画上看似随意的线条和形状，这让他的作品充满童趣与幽默。

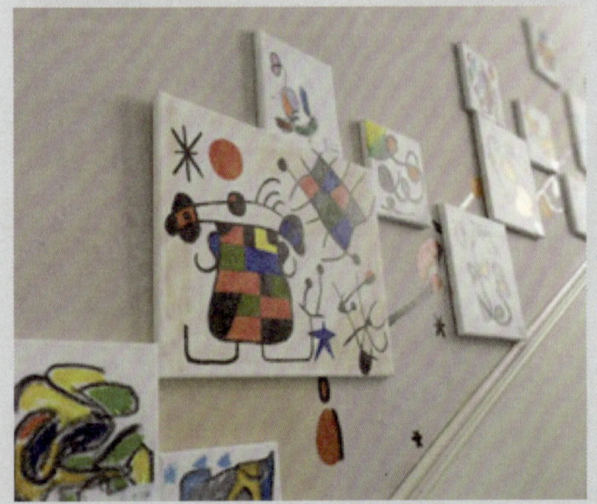

整体设计　教师和幼儿共同欣赏、学习米罗的艺术作品，尝试运用米罗风格的简单线条和色块组成有趣的图案。作品不仅可以呈现在形状规整的油画布上，还可以直接绘制在各种生活物品上，如雨伞、餐盘等，也可以在绘制后沿着轮廓剪裁，增添趣味性和装饰性。

瓦西里·康定斯基：生于1866年，于1944年逝世，是出生于俄罗斯的画家和美术理论家。他与皮特·蒙德里安和马列维奇等人一起，被认为是抽象艺术的先驱。康定斯基具有联觉（知觉混合）的能力，他可以十分清晰地“听见”色彩，这对他的艺术创作有很大影响。他甚至把他的绘画命名为“即兴”和“结构”，仿佛它们不是绘画而是音乐作品，其作品的主要元素是几何图形、直线、几何曲线、圆。

整体设计　教师和幼儿共同欣赏、学习康定斯基的艺术作品，尝试用丙烯颜料、欧克泥在正方形油画布或圆形餐盘上进行创作，将不同尺寸的圆形与色彩进行组合，创作出具有强烈视觉艺术效果的作品。

亨利·卢梭：生于 1844 年，于 1910 年逝世，是法国后印象派画家，以纯真、原始的风格著称。其画作主题大部分是绿到发亮的热带植物，充满了各种各样的异国色彩与热带风情，这些都是他从植物园和动物园得到的灵感。他的画作被评论为画得像孩子，但同时融入了高度的专业技巧。

整体设计　教师和幼儿共同欣赏、学习卢梭的艺术作品，选取其画作中幼儿感兴趣的场景，用 KT 板或艺术纸复现出来，再与树桩、花卉、植物等自然物一起，布置在楼梯拐角处或窗户上，营造出纯真、原始的自然环境。

互动体验　墙面不仅用于欣赏与展示，还提供了多种幼儿与作品互动的方式，如在墙面上粘贴不完整的对称图案，让幼儿以拼图的方式进行探索，组合出整幅作品。

▶ 适合大班幼儿欣赏和感受的艺术大师

安东尼奥·高迪：生于 1852 年，于 1926 年逝世，是西班牙加泰罗尼亚的建筑师，以复杂、新颖、独树一帜、个人色彩强烈的建筑作品而知名。他使用大量釉面瓷砖镶嵌装饰的手法，用几何图形创造出独特纹样，让建筑充满梦幻色彩又带有神秘感。

整体设计　教师和幼儿共同欣赏、学习高迪如何将美学与建筑进行融合。

作品来源　教师在美工区提供玻璃马赛克、欧克泥、塑封纸、油漆笔、纸盒、彩笔、卡纸、塑料瓶等材料和工具，鼓励幼儿进行创作。基于对环境中对称、对比、均衡、色彩配置、层次感、呼应、延续元素的考虑，教师和幼儿共同对墙面进行布置，创造出具有高迪风格的走廊环境。

互动体验　教师在走廊的墙面、地面上布置若干透明塑料画框，鼓励幼儿使用油漆笔在上面进行创作。

萨尔瓦多·达利：生于 1904 年，于 1989 年逝世，著名的西班牙加泰罗尼亚画家，因超现实主义作品而闻名，他与毕加索和米罗一同被认为是西班牙 20 世纪最有代表性的三位画家。其作品融合了梦境、幻觉和超现实的元素，呈现出令人难以置信和神秘的画面，将怪异梦境般的形象与卓越的绘图技术和受文艺复兴大师影响的绘画技巧令人惊奇地混合在一起。

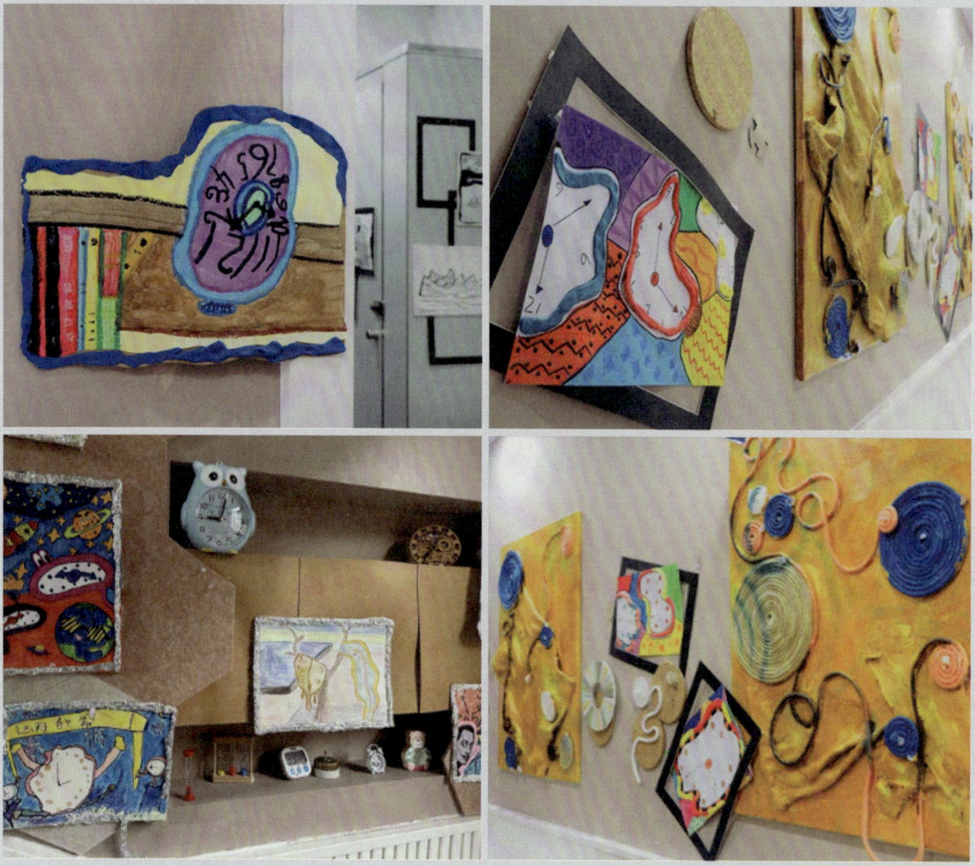

作品来源　教师在美工区提供欧克泥、麻布、麻绳、纸箱以及其他废旧材料。引导幼儿用欧克泥揉捏出时钟造型，再综合运用废旧材料、麻布、麻绳等材料进行装饰，创作出具有达利风格的艺术作品。

互动体验　作品旁设置录音按钮，幼儿按下按钮即可听到有关大师及其艺术风格的介绍。

让·杜布菲：生于1901年，于1985年逝世，法国画家和雕塑家。他的创作以摆脱观察习惯和文化条件、破除正统的表现规则和油画技艺为特征，巧妙使用各种手段（非常规材料）创造出多种风格。

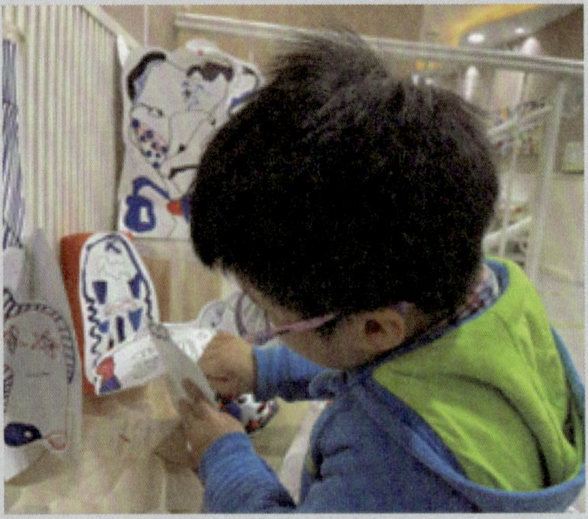

作品来源　教师引导幼儿使用红、蓝、黑色马克笔绘画，画出带有线条阴影的图案，再沿着轮廓将其剪裁下来，最后相互连接组成连续的纸艺作品。这种创作方式带有让·杜布菲的艺术风格。

作品来源　教师鼓励幼儿参与走廊环境的讨论和创设，结合自己学习的大师艺术风格，提取艺术元素，发挥想象力、创造力和动手能力，创作出富有艺术特点的作品，经过与同伴沟通一起完成布置。

互动体验　鼓励幼儿将大师形象、自己的作品布置在环境中。

▶ 推荐阅读　为了丰富教师和幼儿的相关经验，提升教师和幼儿的创作水平、观赏水平，龙山幼儿园通过公众号推送、图画书推荐、展览推荐的方式提供信息资源。同时，教师和幼儿一起将搜集到的相关图画书、各自观展拍摄的资料放置在美工区内作为创作的参考。

1. 公众号推送

2. 图画书推荐

《草间弥生的波点世界》《蒙德里安》《想成为米罗星人吗？》

《寻找梦的宝藏》《卡门和高迪建造的房子》

3. 展览推荐

西岸美术馆：“萨尔瓦多·达利——魔幻与现实”

上海近代艺术馆：“与波普撞个满怀——大师作品版画展”

案例提供者：周良慧

3. 综合利用

我们综合利用门厅和走廊空间，打造出“一步一景的微景观”效果，通过设置低矮的展示架或悬挂式展板来扩展门厅、走廊、教室的展览空间，尽可能多地展示幼儿的作品以及与主题相关的其他元素，并确保幼儿能够轻松触及和欣赏。这些“微景观”空间在幼儿园内随处可见、触手可及，也为幼儿提供了更多欣赏、讨论、评价与互动的机会。

1

2

3

1 > 位于教室门口的储物柜成为开放式艺术角，孩子可以自由地在上面布置自己的作品。

2 > 为园所的室内门厅配置了高低错落的展架、展台，成为班级的集体展区。

3 > 开阔的户外空间适配内容更丰富、规模更大的大型艺术展。

案例：一步一景的微景观

整体设计　利用教室、门厅、走廊的空余空间，设置多层次展示架。结合“秋艺美术节”活动，搜集并陈列秋天自然物，让幼儿能够沉浸式感受秋天的特点，嗅闻秋天果蔬的芳香。

作品来源　教师提供自然物材料（如树叶、木片、树枝、松果等）以及多样的美工材料（如颜料、颜料刷、拓印刷、毛笔、胶水、欧克泥等），幼儿利用这些自然物装饰小树林，将其布置在秋日微景观展区内。

作品来源　结合“你好！冬日”主题，教师和幼儿一起进行冬日小景的创设，鼓励幼儿创作出能够表现冬天场景的作品，教师帮助幼儿以悬挂或垂挂的方式布置作品。

互动体验　提供纸笔，幼儿随时可以画出新年心愿，再将其挂在新年小树上。

作品来源　教师在美工区提供自然物材料（如橘子皮、落叶等）以及多样的美工材料（如颜料、炫彩棒、喷壶、报纸、皱纸、泡沫网、胶水、剪刀等）。幼儿搜集橘子皮，将其晒干后进行粘贴创作。

作品来源　教师在美工区提供自然物材料(如麦穗、落叶、水果等)以及多样的美工材料（如剪刀、胶水、双面胶、水彩笔等），幼儿自由创作落叶拼贴画。

教师在引导幼儿创作作品、布置微景观以及观赏作品的过程中，有针对性地引导幼儿关注其中蕴含的审美元素。

▶ 色彩

教师在秋天主题的微景观展区内布置齐白石的画作供幼儿欣赏。齐白石喜欢以枫叶、寒蝉、雁来红、蚂蚱等题材来表现秋天，色彩以橘黄夹杂洋红为主，富有层次。

教师鼓励幼儿寻找、探索秋天和冬天的色彩，发现并感受两个季节的主要颜色。

▶ 图形

教师鼓励幼儿寻找微景观中的多种图形，相互交流和归类。例如，三角形的有树、帽子，圆形的有橙子、石榴。

▶ 气味

教师鼓励幼儿嗅闻果蔬的芳香，鼓励幼儿搜集出现在秋天和冬天的特别味道，将散发特别气味的物品布置在微景观区域，例如冬天经常闻到香味的各种护手霜，大多在秋冬出现并散发香味的糖炒栗子等。

案例提供者：沈安琪

（二）专用空间

1. 美工室

美工室为幼儿提供了一处专门的创作空间，消除了幼儿无法在班级内进行大型艺术创作的困扰。在材料投放上，美工室配备了丰富的艺术创作工具、材料和设施，如多元绘画用具、大罐的多彩颜料、大型画架、各种手工制作工具等，以满足幼儿在创作过程中的需求。

1 > 美工提供的材料、工具更丰富，用于创作的区域也更开阔，方便孩子合作创作大型作品。

1

案例：美工室里的四季

孩子们可以在美工室选用各种各样的艺术材料，如各类纸张、KT 板、丙烯、塑料管、自然物材料等，由此满足创作过程中对于材料多样性的需求。另一方面，无论是大尺寸的绘画作品还是装置艺术创作，美工室都提供了更宽敞的空间。

在正对美工室大门的地方放置了巨型的蝴蝶装置，蝴蝶的翅膀上装饰着真花和幼儿用不同材料制作的假花，真假花卉的巧妙结合为蝴蝶装置增添了几分自然与和谐的气息。

在墙面上设置可变形 PVC 管作为悬挂支架，幼儿利用废旧纸盘制作出形态各异的纸盘蝴蝶，布置在支架上。

幼儿用多种材料制作出心中的春天景物，例如飞舞的蝴蝶，美丽的花瓶，永不凋零的花朵。这些作品有的直接展陈于美工室里，供幼儿观赏，有的被幼儿布置在教室和走廊里，也有部分作品陈列于门厅的“月月展”。

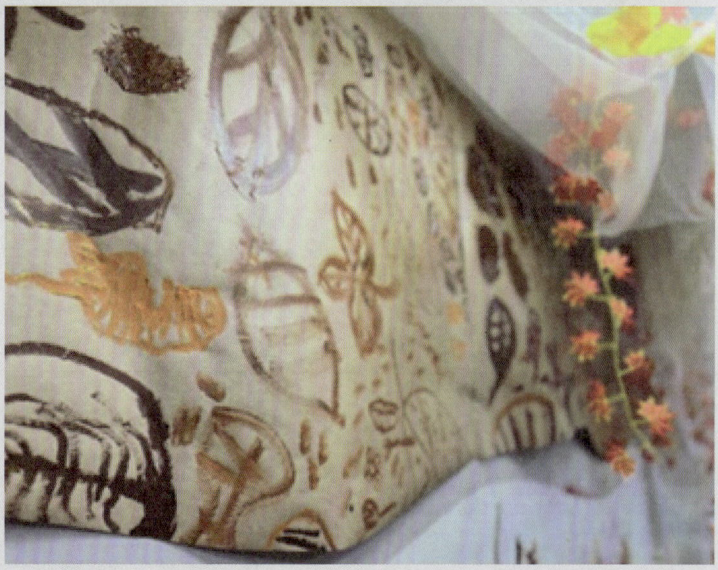

幼儿合作创作长卷画，表达对于秋天的理解、感想和想象。

在美工室里，教师定期为幼儿介绍艺术大师及其艺术作品，并有针对性地引导幼儿关注其中蕴含的审美元素。

▶ 色彩

教师和幼儿欣赏印象派大师莫奈的作品时，完全不用考虑他要表达的是什么，只需要全身心地去观察画作所描写的场景。莫奈笔下的秋天，绿荫浓遍，层林尽染，秋水共长天一色，观赏画作就像误入了花园。

教师引导幼儿探寻画作中表现秋天的色彩，将这些颜色与生活中常见的事物进行关联和匹配。

教师鼓励幼儿收集代表秋天的物品，如落叶、玉米、南瓜、石榴等，将这些自然物集中布置在美工室里，以其作为材料进行创作。

教师引导幼儿利用收集来的果蔬进行拓印，加深对自然物图形特征及组合方式的了解。例如，长条的玉米拓印形状叠加两个石榴横截面拓印形状，组成了一辆小汽车的轮廓。

教师鼓励幼儿利用周末和假期去感受四季景色，幼儿将他们对季节的理解、热爱，通过绘画、手工、摄影等方式表达出来并展示在幼儿园的环境中。

教师组织幼儿开展“晒秋”活动，感受秋天的果实经过太阳烘晒后散发出的香味。

教师引导幼儿制作桂花香囊，在感受桂花香味的同时，让清新的味道遍布室内空间。

案例提供者：范晓燕

2. 户外美术区

在幼儿园设置户外美术区，主要从以下三方面进行考虑。

（1）创造与自然融合的艺术体验：户外美术区位于园所的室外空间，将艺术与自然环境相结合，可以让幼儿在自然的氛围中感受艺术的美，激发他们对大自然的观察、体验和创造力。

（2）提供多样化的艺术媒介和材料：户外美术区配备了适合户外创作的多种艺术材料和工具，如彩色粉笔、水彩颜料、纸张、画布等，幼儿可以在户外环境中进行绘画、拓印、泥塑等艺术创作活动。

（3）培养环境意识和创造力：户外美术区的设置有助于鼓励幼儿观察和探索周围的自然环境，通过艺术创作表达他们对自然的感受和理解，幼儿对自然的热爱和保护意识也由此得到提高。

龙山幼儿园的户外空间有一定的局限，原本主要为幼儿的运动和游戏服务。为了打造一个与自然融合的艺术体验环境，为幼儿提供一个更加具有开放性、创造性的艺术空间，我们从以下三个方面对户外空间进行了改造。

（1）增加艺术创作区域：根据户外空间的大小和特点，设计和规划出适合艺术创作的区域，如绘画墙、户外画廊等，为幼儿提供足够的空间进行艺术创作和展示。

（2）配置适合户外环境的材料和设施：有针对性地选择防水、耐受性较好的材料和设备，以确保它们在户外环境下可持续地使用。

（3）融入自然元素：在设计户外美术区时考虑融入自然元素，如利用树木、花草等自然景观作为艺术作品的背景或装饰。这样可以让幼儿感受到自然与艺术的融合，为他们的艺术创作带来灵感和积极的情感体验。

1 > 户外场地改造前

1

2

2 > 户外场地改造后

案例：开在户外的花花艺术馆

围绕“你为什么喜欢花”这一驱动性问题，教师和幼儿共同成立花研室。他们通过观展、阅读书籍、观看视频、查阅网上资料的方式搜集与了解有关花朵、花香、花艺的信息、资料和物品，将其带到幼儿园，与同伴分享自己的发现，最后一起策划并布置了“花花艺术馆”展览，让鲜花布满整个幼儿园。我们将这个展览放在户外美术区，用一个学期分阶段开展，除创作和展示的空间更大更宽阔外，还能与自然亲密接触。

花花直播间　此区域提供平板电脑、支架、海报等资源，幼儿将完成的花艺作品带至此处，召开发布会，召集其他幼儿作为观众，介绍自己的创意作品，与观众进行直接交流。

花花雕塑馆　教师在此处投放多样的美工材料和工具，如颜料、喷壶、不同材质的纸、奶粉罐、装饰物、泡沫塑料球、泡沫棍等，幼儿尝试制作立体的花朵装置。

插花馆　教师在此处提供多品种鲜花、绿叶以及花盆、花瓶和花泥等材料，鼓励幼儿尝试设计插花造型，引导幼儿将枝叶修剪至合适的长度，最后将作品陈列展示。

花花写生馆　教师在此处投放绘画工具和画纸、画板、玻璃墙，幼儿可以欣赏花主题的名作，也可以观察户外自然区中种植的植物，以自己喜欢的方式将观察到的内容表现出来，并将作品布置在墙面、地面、空地上进行展示。

陶艺馆　教师投放陶艺材料，如陶泥、模具和装饰物、花瓶等，幼儿可以搓搓揉揉捏捏，用陶泥表现花朵的各种姿态。

“花花艺术馆”的主要创作和展示场地在户外，此主题与户外场景能够自然地结合，幼儿在户外场地得天独厚的优势下和与自然亲密接触，激发其创作灵感。同时，教师和幼儿也利用室内空间，如走廊、室内活动区等，作为展览的资料区域与制作区域。幼儿可以根据自己的兴趣选择不同的区域参与。这样可以让整个幼儿园从户外到室内都沉浸在“花”主题的氛围中，给予幼儿更大的自由度与创作空间。

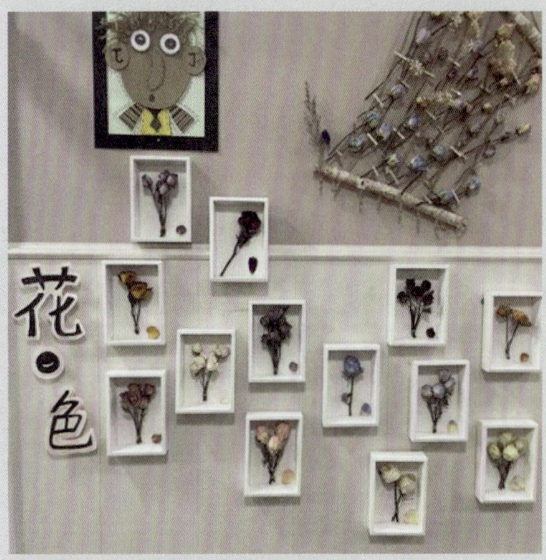

花色墙　师幼共同搜集不同颜色的花朵，布置在此区域，相互交流与分享，为后续的创作积累经验。

花形墙　师幼共同搜集不同姿态的花朵，布置在此区域，并放大其花瓣形状与特征，幼儿可借形想象，相互交流与分享，为后续的创作积累经验。

花香墙　师幼共同搜集不同花香味的香氛，布置在此区域。为幼儿提供闻香的机会，让他们感受不同的花香，鼓励其用语言描述闻到的香味。

花生活　师幼共同搜集生活中和花有关的物品，如花形的抱枕、杯子、包包、发饰等生活物品，摆放和布置在此区域，相互交流与分享，为后续的创作积累经验。

自然角　师幼共同搜集盛开的鲜花盆栽，布置在此区域，为幼儿提供近距离观察、感受、互动的机会。同时提供观察本和记录表，幼儿可以观察花朵的生长变化并用自己的方式记录。

干花工作室　教师投放不同类型的鲜花和干花材料，以图示的方式介绍制作干花的多种方法，幼儿尝试自制干花，再用干花进行艺术创作或布置于环境中。

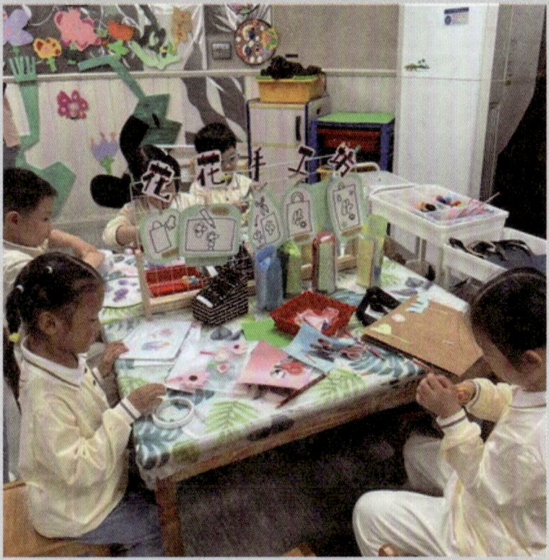

花花手工坊　教师投放美工材料，如不同材质的纸、纸盘、帆布袋、纸袋、装饰物、胶水等材料。幼儿可以剪纸、剪贴、撕纸、揉搓等方式创作与花有关的艺术作品。

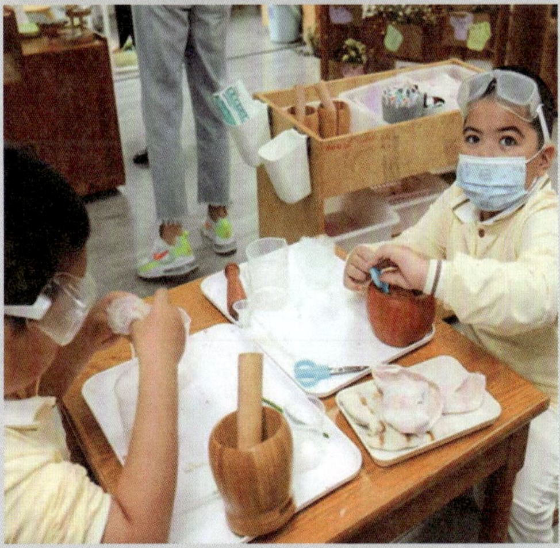

花香实验室　教师投放量杯、搅拌棒、木槌、捣蒜罐、过滤漏斗、过滤纸、不同花香味的精油，塑料小瓶等工具。幼儿戴上防护镜和口罩，将摘取的鲜花用木槌在捣蒜罐中加水捣碎至充满花的汁液，再将碎花瓣混合汁液用滤纸和滤网进行过滤，提取纯净的汁液后加入几滴自己喜欢的精油以及适量纯净水，制成具有独特味道的香水。

“花花艺术馆”的策展过程与展示过程是同步进行的，教师和幼儿共同商量，展览内容和制作区域跟随需要逐步增加，幼儿也在此过程中加深对各类花材的认识，丰富工具的使用经验，为后续的创作奠定基础。此展览主要设置在户外区域，与园所原有的自然景观进行结合，教师在引导幼儿进一步观察、关注园所的户外自然环境的过程中，有意识地与幼儿讨论爱护花朵、保护环境的话题，增强幼儿对自然的亲近感和环保意识。

在策展、创作和布置的过程中，教师有针对性地引导幼儿感受花的颜色、形状、香味以及在生活中的使用，鼓励幼儿以绘画或语言的方式表达自己的感受与想象。不仅如此，教师在此区域还加入了对艺术大师及其作品的介绍，为幼儿提供欣赏、交流的机会，鼓励他们将观察、学习到的艺术元素、创作方式积极运用到自己的作品中。

▶ 推荐阅读　为了丰富幼儿的经验，提升他们对“花”主题的认识与审美水平，教师在相关区域内投放图画书作为参考资料，供幼儿借鉴。例如：

《绚丽的花儿》《那朵正在开放的花》《彩虹色的花》《一粒种子的旅程》
《油菜花开了》《它们是怎么长出来的》

作为一个艺术展览，在策展、布展和观展的过程中，教师有意识地引导幼儿关注其中的审美元素。

▶ 色彩

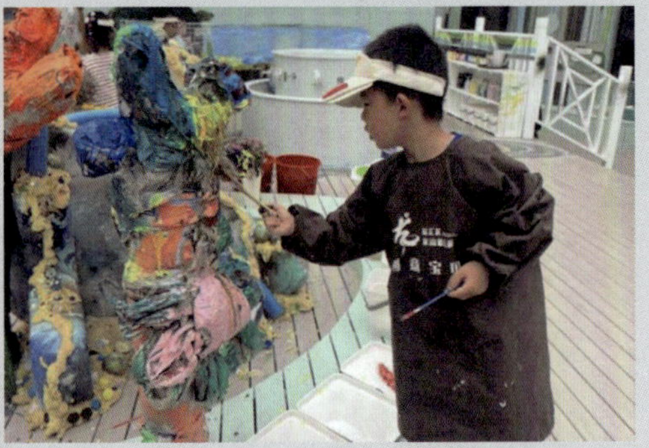

教师鼓励幼儿寻找、探索、比较花朵不同的色彩，并将其运用到自己的作品中。

▶ 形状

教师鼓励幼儿运用干花瓣、树叶、树枝等真实自然物进行创意拼贴，创作出各种各样的作品。

▶ 气味

教师鼓励幼儿体验、感受花的各种香味，再通过混合香氛、捣碎花瓣、蒸煮收集纯露等方式创作出味道独特的香水。

案例提供者：夏佳辰

（三）教室空间

1. 创意门

将幼儿园的教室门当作创意展示的空间，这不仅是一个装饰性的举措，更是一种富有教育意义和实践价值的环境创设方式。创意门为幼儿提供了一个有趣、引人注目的学习入口，将教室空间转化为一个充满创意和艺术元素的美术学习环境，为幼儿提供了一条新的路径，展示自己的创意和想象。通过使用非传统的形状、材料或艺术元素，门成为一个启发幼儿创新思维和表达能力的媒介。每个班级的门面设计可以体现该班级的特色、主题或季节变化等元素，形成独特的班级文化。这有助于增强幼儿对班级的归属感和认同感，促进班级凝聚力的形成。

1 > 每个班级的创意门由本班幼儿和教师共同创作。

1

案例：走进大师系列创意门

教师和幼儿共同合作，从当前正在欣赏、学习的艺术大师的作品中提取艺术元素，将其重新组合后呈现在本班的教室门上。这种长期的、变化的创意展示能潜移默化地影响幼儿的审美，让他们学会欣赏和创作。同时，通过观察、模仿和创新，幼儿的创造力会得到锻炼和提升。

康定斯基　圆形、半圆形、三角形、矩形和直线，将这些幼儿平时熟悉的图形以创意的方式组合在一起，在色彩的帮助下产生视觉美感，让这些图形充满生命力。

保罗克利　颜色鲜艳亮丽、平面化构图、强烈的趣味性，这些类似儿童画所具有的稚拙和超逻辑性的独特艺术魅力非常适合幼儿欣赏，幼儿会赋予这些画面以情感和意识，成为与同伴讨论的话题，在此过程中学会清晰、准确地表达自己的感受与想法。

布里托　分割线、黑色粗轮廓、色彩鲜艳明亮，这些艺术特点与儿童作品是那么相似。孩子们也总是用充满活力、大胆和多彩的图案来表达他们对周围世界的乐观看法。

草间弥生、詹姆斯·里兹、梵高、马蒂斯、几米　教师选择的艺术大师大多具有鲜明的艺术风格和特点，将他们的作品元素在门上进行重现，不仅为班级环境带来了一道靓丽的风景，还能引导幼儿充分感受艺术的魅力，让幼儿在日常生活中受到艺术熏陶，感受美的多样性，激发艺术兴趣和创造力。

案例提供者：孙宇

案例：主题活动系列创意门

每个班级的门面设计可以体现该班级的特色、主题或季节变化等元素，形成独特的班级文化。这样的设计有助于增强幼儿对班级的归属感和认同感，促进班级凝聚力的形成。

我是中国人　从张大千的作品中汲取创作灵感，教师引导幼儿用宣纸、毛笔、折扇等材料进行泼墨染色，再将幼儿作品与象形文字结合，以艺术性的方式展示在门上，让幼儿进一步感受中国传统艺术与书画的魅力。

我要上小学　教师和大班幼儿一起在门上布置齿轮、时钟、倒计时、梦想机器人等元素，将幼儿对幼儿园的回忆和即将离园的情感表现出来，让创意门更贴近幼儿当前的兴趣与关注焦点。

有用的工具　幼儿在美工区将各种刷子装扮成创意小人，教师和幼儿一起将它们布置在教室的门上，再结合艺术大师奥古斯特·马克的风格进行装饰，完成了名为“大师和他的朋友们”的创意门设计。

在秋天里　教师和幼儿共同设计，用不同颜色的纸装饰门。推开这扇门，便进入了本班正在开展的秋艺主题奇妙旅程。

在动物园里　幼儿创作了各种动物形象，教师在班级门上布置出蒙德里安风格的网状结构，再由幼儿将自己的动物作品贴在网格里，稚嫩的线条与简单明亮的色块结合在一起，让班级的创意门成为幼儿作品的展示墙。

将教室门设计成展示空间时，可以融入艺术大师的风格和特点，这不仅能够激发幼儿的艺术兴趣，还能在日常生活中潜移默化地培养他们的审美能力和创造力。以下是一些适合与创意门设计进行结合的艺术大师及其艺术风格推荐。

蒙德里安　红黄蓝三原色块，格子，线条。
杜布菲　蓝色红色，条纹，几何图形。
草间弥生　大小波点，排列。
康定斯基　点线面，同心圆，几何图形。
米罗　线条，色块，抽象形象。
保罗克利　符号系统，色彩变化。

毕加索　人物，抽象元素。

布里托　鲜艳的色块，黑色勾线。

马蒂斯　剪纸，流线型，色块，鲜艳。

张大千　水墨，泼墨。

案例提供者：孙宇

2. 主题墙

幼儿园主题墙是指根据各班开展的主题活动内容而设计并布置在教室环境中的墙壁，它的创设目的是促使幼儿与主题墙进行对话，记录幼儿在主题活动中的所思所想，呈现幼儿学习与思考的过程。

在各班创设主题墙时，教师团队经过梳理与讨论，提出了若干注意事项。

（1）主题墙的设计和装饰要与每月的学习主题相呼应，通过墙面的艺术元素、图像和文字，突出强调当前的学习内容和主题，激发幼儿对学习的兴趣，增加他们对学习主题的理解和参与度。因此，设计时要考虑到灵活性和可调整性，以便根据不同的学习主题和班级策展需要进行调整和改变。

（2）主题墙可以作为展示幼儿作品的平台，让幼儿有机会分享他们的艺术创作和成果。这可以鼓励他们展示个人风采，增强其自信心，同时也提供了一个同伴间互相欣赏和学习的机会。主题墙可以设置特定的展示区域，如画架、装饰架等，用于陈列幼儿的艺术创作作品。这样可以鼓励幼儿积极参与艺术创作并展示自己的成果。

（3）主题墙的艺术装饰和展示可以为教室营造艺术氛围，让幼儿在艺术环境中学习和成长。墙面的色彩、图案和艺术元素可以激发幼儿的创造力和想象力，为他们提供一个富有启发性和创造性的学习环境。可以通过添加墙贴、壁画、挂饰等艺术装饰元素来改造空白的墙面，将其转化为一个具有艺术感的主题墙。装饰元素可以根据每月的学习主题进行选择，以增强教室的整体美感和学习氛围。

案例：主题墙——让孩子的学习“看得见”

▶ 整体规划

此主题墙表现的是中班两个主题“好听的声音”与“在秋天里”，教师将其分为信息收集区、表达表现区两个板块。主题墙上资料收集由幼儿负责完成，随着主题的开展逐渐丰富内容。

此主题墙表现的是中班主题“在秋天里”，结合艺术大师马蒂斯的风格，将剪纸艺术与秋天树叶素材结合，并在色调上保持统一，给予幼儿潜移默化的艺术熏陶。

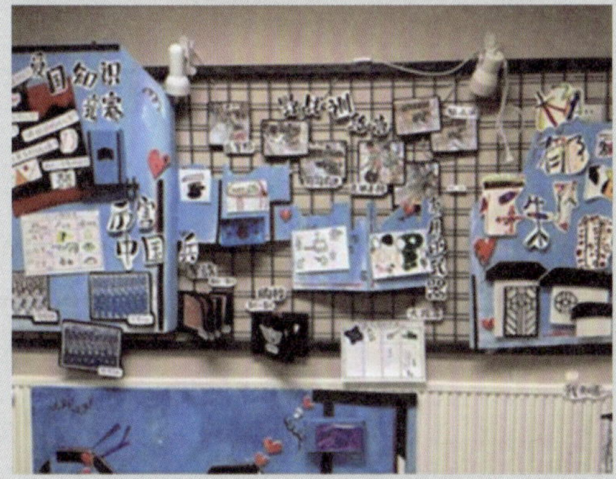

此主题墙表现的是大班主题“我是中国人”，随着主题活动开展，根据幼儿资料查阅、信息收集以及对热点话题的关注度，创设出三大板块，分别为资料收集区、作品陈列区和深度思考区，逐步添加与丰富。

降低墙面高度 互动性与游戏性较强的主题墙面内容，可以在布局由上向下延伸，使得幼儿能够直接与墙面进行有效互动，随时接触自己的作品，布置出属于自己的作品墙，这也是主题墙互动性的重要体现。

此主题墙表现的是小班主题“小兔乖乖”，它考虑了小班幼儿的年龄特点，降低了主题墙的高度，设置互动内容，并逐渐丰富。

打破空间限制 将主题墙与背景环境和活动区紧密联系在一起，延伸至桌面或柜面进行小景创设，展示幼儿根据主题收集的材料、对主题经验内化后创作出的立体作品，赋予幼儿对环境更多参与改造的权利。

▶ 审美元素

教师提供的材料尽量色调统一，若主题墙的背景较花哨，边框可多用素色。

可以提取艺术作品中的某一元素用于整个墙面风格的整体设计。

此主题墙提取了艺术大师罗梅罗·布里托的艺术元素，作为主题墙的边框设计，以点带面，打造出统一的风格，增强了主题墙的艺术表现力。

▶ 与环境互动

主题墙内容设置需紧密围绕主题，关注幼儿逐步获得的经验，鼓励幼儿运用多种表现形式展示自己对主题的理解。一开始创设墙面时，要有适当的留白，并在日常活动中积极引导，为幼儿参与主题墙设计创造条件。

幼儿可以借助主题墙表达自己对问题的看法、对主题的思考或对同伴作品的认可。借助这一平台，教师能及时了解幼儿在主题内的兴趣、感受、困惑，继而反哺主题活动的设计与实施。

此主题墙表现的是中班主题“春天来了”，幼儿收集春天的花卉，并以美术形式进行表征与记录，将自己发现的春天陈列在主题墙上，主题墙既是资料收集墙，又是作品展示墙。

案例提供者：殷梦姣

3. 美工区

美工区是在教室里划出的一处供幼儿专注于美工活动和艺术创作的空间。它为幼儿创造了一个安静、独立的环境，让他们专注于艺术创作并充分发挥创造力。

美工区配备了各种美工材料和工具，如彩色纸张、颜料、刷子、剪刀等，以满足幼儿的不同创作需求和兴趣，鼓励幼儿尝试不同的艺术媒介和技巧，增强他们的艺术表达能力。

在教室空间中打造美工区时，应根据教室的实际情况注意以下几点：

（1）将一个角落或区域划分为美工区，并确保幼儿在此进行美工活动时有足够的空间和隐私。布局方面可以考虑将美工区与其他区域加以区隔，以减少干扰和噪声。

（2）美工区提供储存和整理美工材料和工具的空间，确保它们能被有序且方便地取用。例如，可以设置储物柜、架子或抽屉来放置和分类不同的美工材料。

1 > 布料展示架既是幼儿感受、触摸的体验区，也形成了“天然屏障”，将美工区分隔出来。

1

2

3

2/3 > 美工区周围有各种高低不同的开放式材料架，供幼儿自由取用材料和工具。

案例：美工区里探植物

随着“有用的植物”主题活动的逐步开展，投放在美工区的材料也发生了变化。美工区内有专门的展示区域，配备了展示架或展示柜，供幼儿展示自己的作品。

美工区是幼儿了解和探索有用植物的场所，通过艺术创作以及与植物互动，幼儿加深了对植物的认识和理解。同时，幼儿可以在美工区体验到自然的魅力和创作的乐趣，成为主动参与和创作的主体。

▶ 整体规划

利用墙面空间展示作品，如供幼儿欣赏学习的大师作品，或幼儿自己创作的平面作品。

美工区空间包括窗台、柜面，幼儿收集自然物，如树叶、树枝、松果等，进行组合性创作，用作品美化教室环境。

▶ 分类投放材料

美工区提供的材料要丰富，既有自然物材料，如树叶、树枝、花瓣、小木片、小木棍等，也有美工材料，如彩笔、毛笔、颜料、卡纸、牛皮纸、宣纸、胶水、小纸盒、麻绳、剪刀等。

美工区提供的材料要便于收纳、取用，教师可以和幼儿一起分类整理，养成良好习惯。

借助绘画工具，幼儿创作出不同类型的平面作品。

幼儿用果实、小木片、稻谷、小木棍和黏土制成的小泥人相框和山间小屋等立体作品。

▶ 推荐阅读　为了拓展幼儿的知识经验、提升其审美水平，可以在美工区提供与主题相关的图画书，供幼儿阅读与相互交流。具体推荐如下。

《彩虹色的花》《爱睡觉的种子》《一园青菜成了精》《一筐青菜成了精》

教师在投放材料、组织幼儿开展活动的过程中，有针对性地引导幼儿关注其中的审美元素。

▶ 色彩

鼓励幼儿观察、发现不同植物的色彩，关注相邻色、对比色，丰富自己的艺术感知。

幼儿用收集的树叶进行创意拼贴。

在完成对树叶和树枝的写生后，再为其添加细节打破写生物的原有形状，自由发挥想象。

幼儿制作自然感官瓶，将收集物放入透明瓶中，感知并描述物品的气味。

幼儿制作桂花香囊，感受桂花独特的香气。

案例提供者：马怡菲

二、优化材料投放

（一）基于现有问题，统筹美术材料资源

龙山幼儿园是一所具有美术特色的幼儿园，在为幼儿提供丰富的美术材料方面拥有悠久的传统。这些材料在日常活动中是如何被使用的，它们对幼儿的“感受与欣赏”“表现与创造”起到了怎样的作用？针对这些问题，我们面向教师开展了采访与交流，试图找到龙山幼儿园目前在美术学习环境创设上的局限和需求。

表 2　龙山幼儿园教师调查问题及结果

调查维度	调查意图	问题举例	调查结果
美术活动实施现状	了解本园教师对美术学习环境构建的态度认知和教学行为，收集美术活动实施中存在的问题	您平时会运用身边哪些资源来构建班级里的美术学习环境？	·在态度认知方面，近 80% 的教师都认可美术学习环境对于幼儿自主表现的重要影响。 ·在美术学习环境的创设上，超过 60% 的教师抱有传统的观念，更倾向于创设物质的学习环境（如确保空间舒适、宽敞、材料丰富多样）。 ·近 40% 的教师已经意识到除了物质资源，非物质的人际互动也能很好地激发幼儿的自主表现（如师幼互动的共情引导和同伴互动的互相鼓励）。
		您在班级中除了提供常见的绘画材料（水彩笔、蜡笔、颜料、炫彩棒、纸等），还会为幼儿提供哪些美术材料？	
		您认为怎样的美术学习环境有利于激发幼儿自主表现？	
		您在构建支持幼儿自主表现的美术学习环境方面还有哪些困惑？	
幼儿自主表现水平	了解本园幼儿现阶段自主表现的发展水平	您班级的幼儿经常开展哪些创作活动？	·在教学行为方面，仅有 6% 的教师会运用身边的非物质资源构建美术学习环境，其余 94% 的教师仍然更倾向于以传统的方式来使用身边的物质资源。 ·在空间布置上，为了增强幼儿的创作自信、促进幼儿间的分享交流、激发幼儿参与班级环境创设的积极性，教师在教室里创设幼儿作品的展示空间。 ·在材料提供上，除了常见的绘画材料，教师还会提供其他美术材料，如用于扎染蜡染、纸艺、泥塑的材料以及生活用品和综合材料等。 ·在师幼互动上，教师经常与幼儿欣赏交流感兴趣的艺术作品，但部分教师与幼儿互动交流的频率需要提高。
		您班级的幼儿是否会用自己创作的艺术作品布置环境、装扮自己和美化生活？	
		您班级的幼儿会用哪些方式来表现观察到的事物和自己的感受与想象？	

对调查结果的整理后，我们发现目前教师们重视学习环境中的物质材料，然而材料的年龄适宜性、及时更换性和丰富性仍不足，这限制了幼儿在美术活动中进一步自主表现。同时，教师与幼儿之间缺乏关于材料的讨论、探究和改变，缺少由物质引发的非物质人际互动。

解决这些问题需要教师不仅关注材料本身的优化和补充，还需要扮演更积极的引导者和合作者的角色，与幼儿共同探索、创造，共同建构美术学习的互动性和合作性环境。

相关研究已表明，拥有一个有利的刺激环境、高质量的艺术材料的支持可以丰富幼儿的创作手段，增加他们的创造性和表现力。通过使用各种材料，幼儿可以更自由地表达自己的思想和情感，从而提升他们的艺术表达能力。

经过持续教研和不断实践，我们探索总结出适合幼儿美术表达的近 100 种材料，作为本园教师的材料投放指南。

表 3　适合幼儿美术表达的多元化材料

纸张类	不同厚度的白色画纸、长卷纸、色纸、卡纸、花纹艺术纸、荧光色纸、牛皮纸、滤纸、宣纸、玻璃纸、报纸、杂志纸张、包装纸、皱纸、金银纸、波波纸、瓦楞纸、钙塑纸
画笔类	毛笔、水粉笔、长毛刷、炫彩棒、油画棒、水笔、金银笔、荧光笔、铅笔、彩色铅笔、蜡笔、粉笔、油性笔
塑形类	纸黏土、超轻土、彩泥、陶泥、塑性沙、扭扭棒、锡纸、玉米粒
自然材料类	树枝、树叶、松果、小木片、鹅卵石、羽毛
生活材料类	瓶子、一次性碗碟、布条、袜子、手套、毛线、丝带、海绵、毛巾、纽扣、彩珠、亮片、宝石、马赛克、纸筒、鸡蛋托、雨鞋、雨伞、奶粉桶、吸管、棉签、纸盒、不织布、蛋糕托

在对多元化材料进行梳理的同时，我们还按照幼儿年龄对每种材料进行深度研究，从而找到与幼儿年龄最为匹配的艺术材料。

2 岁左右

大块彩色蜡笔：大且易于抓握，适合小手操作，能够帮助幼儿表达自己的想法。

无毒水彩颜料：不仅安全，还能让幼儿通过涂鸦来探索色彩和图形。

黏土：幼儿可以通过塑形来发挥创造力。

3—5 岁

简笔画工具：这个阶段的幼儿正处于绘画涂鸦期，适合使用基础线描、水彩（水粉、丙烯）、刮画等工具。

油画棒（蜡笔）：幼儿可以通过使用油画棒涂鸦来练习手部的协调性，掌握正确使用绘画工具的方法。

4 岁以上

铅笔：适合 4 岁以上幼儿使用，可用于上色前打稿，但对于太小的幼儿则不建议使用，因为反复修改可能会影响创作。

综合材料：5—9 岁幼儿使用综合材料来作画会更开心，这一时期是幼儿思维最活跃的时期，他们能够比较完整而清晰地表达自己的想法。

（二）推动深度研究，形成材料使用模式

我们通过教研活动推进对材料的深度研究，形成了一套具有支持性的材料使用模式，可将其归纳为“引入—拓展—创作—反思”。

幼儿使用材料进行创作的顺序为“引入—拓展—创作—反思”。前两者的作用是让幼儿充分地获得对材料的感知体验。若想让幼儿在创作阶段表现出更为丰富的想象、运用更多创作表现手法，就必须在前期积累充分的体验与经验。

引入是幼儿首次遇到一种材料或一个艺术概念时，与材料、工具和想法逐渐熟悉的过程。例如，在开展秋天的主题时，我们会让幼儿在来园和回家的路上收集各种形状、颜色的树叶，带来幼儿园，玩各种树叶游戏，最后才使用树叶进行艺术创作。

拓展是扩展幼儿的兴趣、知识、技能以及他们对材料的审美意识或者对艺术概念的体验过程。拓展是一个连续的过程，尽管它在次序上排在“引入”之后、“创作”之前，但它实际上发生在接触艺术材料与产生艺术创意的每个阶段，通过视觉、听觉、触觉等多感官刺激进行。

创作是在引入材料、拓展经验的基础上，幼儿运用所积累的经验进行艺术创作的过程。在这个过程中，注重创作的自我表达、多种表现手法的呈现以及多种材料的运用。

反思是利用非物质资源，用人际互动的方式进行师幼之间以及同伴之间的互动交流，注重的是对于自己或他人作品的感知、思考、欣赏、评价，从而促使幼儿对某种材料有更深入的认知体验与创造想象。

案例：户外涂鸦区——什么样的材料最合适？

寒假后的开学初期，老师们在外墙上创作的涂鸦作品引起了孩子们的兴趣，他们常常围在墙边欣赏并讨论，也产生了自己作画的欲望。孩子们三三两两组成涂鸦小分队，一起商量在哪里画、画什么、怎么画、用什么材料画。

故事 1：力气太小了，要用力画

小宁和东东拿来了平时画画最常用的蜡笔和炫彩棒，商量着在塑胶场地上进行涂鸦。东东说："我要画个大恐龙。"他边说边画，可是蜡笔的颜色在塑胶场地上几乎看不出来。旁边的小宁说："你力气太小了，要用力画！"说完，拿来炫彩棒一起帮忙涂色。

幼儿的画画计划：美化幼儿园的各个角落，如窗户、操场、花坛、运动器械等。

幼儿在操场上画了五星红旗。

故事 2：刺猬不见了

欣欣和晨晨经过商量，决定组成二人涂鸦小分队。他们手拉手在操场上转悠，看要画在哪里。在经过操场上的一个小坑时，他们停了下来。

“你看，这个坑长得有点奇怪。”

“我觉得它有点像剑龙，上面一曲一曲的地方就像剑龙背上的刺。”

“哪有这么小的剑龙，我觉得像个小刺猬。”

“那我们就试试看，把它变成一个小刺猬吧！”

两人合作利用操场上的小坑画了一只背着红果子的小刺猬。

几天后，欣欣和晨晨带着自己的好朋友来到操场上，想要向他们介绍“小刺猬”，却发现图画不见了，原来一场大雨把粉笔的颜色冲淡了。孩子们失望极了，向老师提议道：“有没有那种水冲不掉的颜色呢？如果有这样的颜料，我们的画就能一直留着了。”

幼儿利用场地上的小坑作画。

在户外涂鸦区，教师最初提供的涂鸦材料有蜡笔、粉笔、炫彩棒、水粉颜料、丙烯颜料等，孩子们选择蜡笔、炫彩棒的较多，因为这些都是他们画画时经常接触到的，所以也成为他们在户外涂鸦时的首选，但是当用这些材料在地面、墙面上作画时，不容易显色。粉笔虽然能显色，但遇到下雨天，颜色会被冲淡。

故事 3：好用的丙烯颜料

户外涂鸦活动开始了，小宁和东东再次来到材料架前。东东说：“今天我们不要选蜡笔了，实在太难画了。”小宁说：“你看，这里有颜料，要不我们试试这个？”他们选了几种需要的颜色，便开始去创作了。

东东一边画一边说：“这个颜料的颜色很好用，轻轻一画就好了。”

小宁担心地说道：“不知道它会不会被雨水冲走呢？”

幼儿用丙烯颜料在操场的地面和墙面上画画。

孩子们带着问题询问老师，老师并没有给到他们确定的答案，而是让他们待颜料干了以后自己去试一下。老师的做法不仅仅是让孩子们进行实践探索，还在其中加入了拓展性的引导，通过观察和实践，孩子们发现丙烯颜料更易留存。老师又用问题进一步引导幼儿思考："丙烯颜料与其他颜料有什么不同？还有哪些适合户外涂鸦的材料？"通过这些问题，孩子们进一步思考和探索美术材料的特性，并将这些知识应用到实际创作中。

此外，老师还引导孩子们进行了更深入的拓展性研究。例如，探索不同材料在不同环境下的表现，比较在室内和户外使用的材料的差异，思考如何在不同场景中选择合适的材料。这样的拓展性研究不仅可以加深孩子们对美术材料的理解，还能培养他们的批判性思维和创造力。

案例提供者：祁钊

三、积累课程信息资源

对幼儿有益、有审美提升效果的信息资源也是促进幼儿自主表达表现的关键，对幼儿的艺术创作起着非常重要的作用。因此，除了升级幼儿园的物质环境资源，我们尝试探索出“内通外合”的信息资源库来作为推进策展活动的非物质资源。

（一）融合家社信息资源，梳理形成“艺术之旅”

多年来，龙山幼儿园一直致力于整合家庭与社区资源，建立了“家—园—社”共建机制。利用更为丰富的社区资源来拓展幼儿的视野和社交，丰富幼儿的经验。在家长的支持、社区的合作和孩子们的参与中，践行以“幼儿发展为优先”的“家园社”三位一体的教育共筑之路。

1. 拓展社区资源，形成“文化圈”

龙山幼儿园所处的枫林街道地理位置较为优越，辖区内各类文化资源丰富。我们对幼儿园周边三公里以内的文化资源进行分析、盘点和开发，梳理出可支持幼儿开展策展活动的有价值的课程资源。

我们将周边各类文化资源按照路程的远近，细化为一公里文化圈和三公里文化圈两大类，并按照资源的类型分为博物馆类、美术馆类、文化场馆类和自然景观类。

- 一公里文化圈：离幼儿园的距离较近，幼儿徒步就能到达的文化资源场所。
- 三公里文化圈：离幼儿园距离较远，需乘车或由家长带领前往参观的文化资源场所。

表4　三公里文化圈汇总

<table>
<tr><th>文化圈</th><th>资源类型</th><th>地点</th><th>活动形式</th></tr>
<tr><td rowspan="11">一公里文化圈</td><td rowspan="3">博物馆</td><td>上海钟表文化科普馆</td><td rowspan="11">以班级为单位，教师带领幼儿参观</td></tr>
<tr><td>电影博物馆</td></tr>
<tr><td>上海昆虫博物馆</td></tr>
<tr><td rowspan="2">美术馆</td><td>朵云轩艺术中心</td></tr>
<tr><td>林曦明现代剪纸艺术馆</td></tr>
<tr><td rowspan="2">文化场馆</td><td>宛平剧院</td></tr>
<tr><td>徐家汇体育公园</td></tr>
<tr><td rowspan="2">自然景观</td><td>东安公园</td></tr>
<tr><td>龙华烈士陵园</td></tr>
<tr><td rowspan="12">三公里文化圈</td><td rowspan="4">博物馆</td><td>土山湾博物馆</td><td rowspan="12">以家庭为单位，自主结对参观</td></tr>
<tr><td>上海气象博物馆</td></tr>
<tr><td>徐光启纪念馆</td></tr>
<tr><td>钱学森图书馆</td></tr>
<tr><td rowspan="3">美术馆</td><td>上海油管艺术中心</td></tr>
<tr><td>上海龙美术馆</td></tr>
<tr><td>西岸美术馆</td></tr>
<tr><td rowspan="2">文化场馆</td><td>徐家汇书院</td></tr>
<tr><td>百代小红楼</td></tr>
<tr><td rowspan="3">自然景观</td><td>武康路历史文化街</td></tr>
<tr><td>徐汇滨江</td></tr>
<tr><td>徐家汇公园</td></tr>
</table>

2. 整合家社资源，成立艺术顾问团

（1）多方征集专家资源

随着课题研究的不断深入，我们依托专业美术机构、社区、家长等资源，逐步成立“艺术专家顾问团”，纳入美术教育专业人士、民间艺术家等，作为课题研究和活动开展的有利支持。

（2）多元熏陶教师的艺术素养

作为一所美术特色幼儿园，是否拥有一支有高雅审美情趣、扎实艺术表现能力的教师队伍是决定艺术顾问团质量的关键因素。因此，我们对教师的艺术培训不仅有理论学习与实践操作，还鼓励教师走出家园、走出校园，挖掘自然风景、选择富有特色的艺术展馆、城市街景等资源来提升教师的艺术素养。让教师去寻找美、发现美、体验美、表现美，生动再现自然和周围生活中的各种美的事物。

教师在街道上进行观察时，可以重点关注建筑风格、街道布局、公共艺术装置、植物景观、城市标志等。这些元素与策展有着紧密的关系，可以通过策展的方式将城市景观的审美元素和文化元素引入到幼儿园的教学环境中。

这样的活动熏陶了老师们的艺术感知与审美，不仅让他们更加热爱艺术和生活，也促使他们不断追求更多样的艺术表现形式，为幼儿的策展活动和艺术活动带来更多的可能。

（二）开展“艺术之旅”，助力经验铺垫

1. 开展“艺术之旅”的价值

基于对“三公里文化圈”的梳理，我们逐步开展实践，分析这些资源的价值，挖掘其中

1 > 入秋之后，街道上景色迷人，结合工会活动，教师拍摄眼中美景，与同事分享交流，照片打印出来后，在教工之家展示。

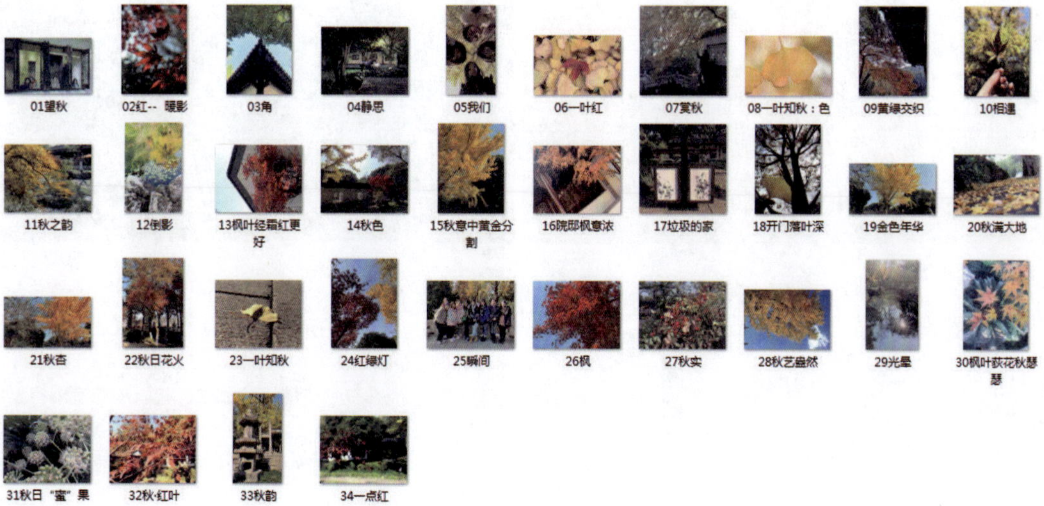

1

蕴含的幼儿发展价值。在反复论证实践可行性的过程中，我们对如何将社区中的场馆资源应用在幼儿园的策展活动中有了更深入的思考，包括在什么阶段使用，以什么方式使用，如何引发幼儿的主动学习以及探讨幼儿主动学习发生的多元场域范围等。为此，我们设计了每月一次的“艺术之旅”活动。

艺术之旅是一种文化旅游、体验活动，通过参观艺术博物馆、艺术胜地、欣赏经典艺术作品来感受不同文化背景下的艺术发展历程。通过这种方式，参与者可以更全面地了解和体验艺术的魅力。

1

2

1/2 > 鼓励教师借助工会活动、教研活动参观各类展馆、展览，并建立资料库来统一收集教师的感悟、参观照片、展品介绍等相关资料。这些资料可以为教师提供新的教学素材和灵感启发。

案例：走进剪纸馆

在“我是中国人”主题背景下，幼儿对于中国文化有了更深入的了解，他们从青花瓷中感受“国瓷”的魅力，从脸谱和云肩中感受“国粹”的底蕴，从祖国的壮丽山河中感受“大国”的人文和自然。

一天，班中一名幼儿带来了他在古镇游玩时购买的一张“生肖剪纸”，并和教师一起布置在教室中，精细的图案引发了孩子们的讨论：“这个图案是剪出来的吗？”“哇，剪得真好啊，都没有剪断。”“要不我们也来试试吧！”

为了顺应幼儿的需求，老师在班级中划出一块小小的剪纸区域，孩子们在体验中对剪纸产生了更浓的兴趣，老师请孩子们回家后探寻剪纸的秘密，后续和大家一起分享。

没想到，第二天一早，凯丽兴奋地跑来对老师说：“我知道一个很厉害的地方，那里有很多剪纸作品。”

老师回答道：“竟然有这么好的地方，你快给我介绍介绍。”

凯丽马上向老师介绍起来：“昨天说回家要了解一下剪纸，我就想到以前有一次和外婆去社区食堂吃饭，看到很多剪纸作品，妈妈说那个地方是剪纸馆，就在社区医院的旁边。”

老师请她把自己的发现与朋友们分享，听完后孩子们都很兴奋：“我们能去那里吗？”“我知道社区医院，那儿离我们中班上学的地方很近。”“里面的剪纸是什么样的呢？”

从孩子们七嘴八舌的讨论中，老师发现他们对于剪纸馆很是向往，便请孩子们自行分组并制订各自的参观计划。孩子们在计划书中提出了很多问题，如：“有洞洞的图案怎么剪出来的？”

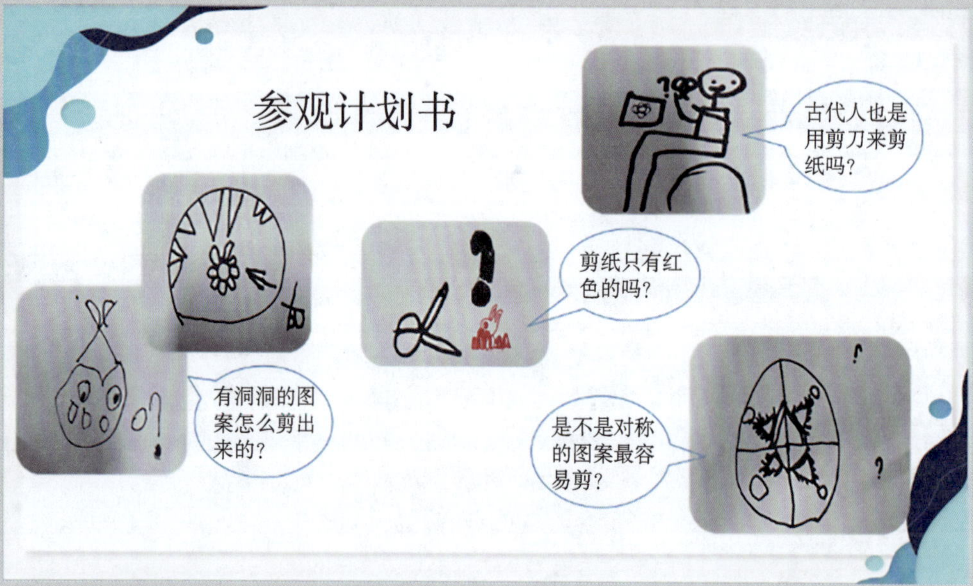

“剪纸只有红色的吗？”“很早以前，古代人也是用剪刀来剪纸吗？很早以前就有剪刀了吗？”“是不是对称的图案最容易剪？”

看着孩子们的计划书，老师有了进一步思考。以往的参观活动，幼儿更多以倾听者的角色参与，所能习得的内容都是被动接受的，他们想知道的没人分享，别人分享的内容他们却不感兴趣，这大大降低了他们的积极性。

这一次，孩子们自己分组，讨论想要了解的问题，自己挑选代表对场馆工作人员进行提问。在这过程中，教师充当观察者，通过观察幼儿的动作、表情、语言，发现幼儿的真兴趣、真问题，进而为后续课程的预设与生成提供价值判断。

案例提供者：祁钊

2. 开展“艺术之旅”的注意点

在带领幼儿开展“艺术之旅”的过程中，经过多次实践和教研总结，我们提出了三点注意事项，供教师参考。

（1）考虑地点的适宜性

根据不同场馆的特点并结合教育需求，我们将“艺术之旅”分为自然景观以及人文景观两类。自然景观类包含动物园、植物园等公园类场所，拥有良好的环境优势，也符合幼儿对动植物的兴趣爱好，为幼儿提供了亲近自然的机会，幼儿不断地感知欣赏自然景物，汲取表现美的灵感。人文景观类包含各类博物馆及人文地点，各种各样的展品能激发幼儿内在的想象力和好奇心，互动、写生等活动能满足幼儿的需要，还有助于幼儿体验不同的文化和习俗，提高幼儿处理信息的能力，发展幼儿的体力、情感和审美感。

（2）考虑目标的递进性

开展“艺术之旅”的目标是围绕幼儿的审美体验，培养幼儿的艺术兴趣，提升艺术感受力，拓宽艺术视野。随着幼儿年龄增长，即使是同一处场所，幼儿参观的深度和广度也要呈现出递进性。

（3）考虑形式的多样化

“艺术之旅”可以是由教师发起的外出参观，也可以是由家长带领的亲子活动，或者以家庭组合、小组结伴的方式来开展。不同形式的“艺术之旅”有效拓展了学校美术教育的外延，提高了家庭的艺术欣赏水平，最后通过分享，让更多人获得不同的艺术体验。

（三）“三公里文化圈”的资源审议及细化

在实践中，我们对“三公里文化圈”中的各类资源进行审议与细化，分析资源的价值，预设幼儿的发展。围绕四个问题——资源点里有什么，能发展幼儿的哪些经验，适合开展什么样的活动，具体实施时的注意要点等，进一步对“文化圈”做出定义。具体如下：

一公里课堂圈：基于幼儿需求，幼儿和教师共同商议后前往的校外场所。让幼儿在校园以外的地方，以小组或集体的形式，带着问题去探究，达成习得更多、眼界更宽、成长更好的教育目的。

三公里寻美圈：基于幼儿需求和课程发展的目的，幼儿和家长，或者幼儿、家长和教师共同前往的校外场所。在博物馆里、在城市行走中开展活动，让幼儿感受丰富的学习形式、探寻多样的知识。

“一公里课堂圈”和“三公里寻美圈”组成了龙山幼儿园的“三公里文化圈”。从“博物馆里的美术课”到课程领导力背景下的“策展活动”，由“教师教”转向“幼儿学”，由知识的灌输者转化为积极的观察者、有效的引导者和支持者。

第三章

谁来展?

支持幼儿自主策展的行动路径

如何让策展与幼儿园课程紧密结合且符合幼儿年龄特点，是幼儿园开展策展活动的难点、痛点。我们摸着石头过河，开启在幼儿园支持幼儿策展的尝试，力求将策展流程做到“处处有互动”，并坚持由幼儿来主导，让策展成为支持幼儿自主表达的新形式与幼儿园活动的新样态。

一、关注策展中的人际互动

幼儿园的策展活动指将幼儿和教师及相关艺术作品在幼儿园空间以视觉化的方式进行信息传播、沟通与交流。龙山幼儿园开展的策展活动由师幼共同建构，幼儿的自主性体现在从前期策划（主题确定、作品收集、场地确定等）、中期准备（作品甄选与说明、场地规划与布置、海报及活动发布等）到后期展陈（现场讲解与示范、观展路线引导、交流与分享等）的整个过程。

在支持幼儿自主策展的过程中，教师的作用体现在推进非物质的人际互动，因此着重通过多种方式设置多样化的师幼互动、同伴互动、亲子互动的机会，以此来增强学习环境中的非物质学习资源。非物质学习资源是指那些不以物质形态存在，但能够影响和促进幼儿学习和发展的各种资源。这些资源包括但不限于幼儿的生活经验、兴趣爱好、个人经历、文化背景，以及教师、家长、社区成员等具备的知识、技能、情感和价值观等。

我们从实践总结出策展流程中的人际互动要点，具体如下：

表 5　策展流程中的人际互动要点

策展流程	具体内容	人际互动要点
前期策划	1. 通过问卷调查、受众采访等方法进行前期调研，包括需求、形式的喜好度分析。 2. 了解常见的展览内容组织方法，能够按照主题有逻辑地策划展览的不同模块。	·亲子互动设计问卷调查 ·师幼互动确定策展主题
中期准备	1. 学习策展相关知识，具备基本的能力，包括： ·读懂展览的地图并尝试制作； ·了解并根据指示参观相关的展览； ·了解不同陈列方式（悬挂、放置、是否加玻璃罩等）； ·通过文字、视频及辅助工具（语音及其他多媒体材料）了解展品相关的信息。 2. 设计、制作相关展品（包括标本、作品等）。 3. 规划并尝试动手操作布展，包括视听区、互动区、展品陈列区等。	·师幼互动共同规划策展准备 ·同伴互动组成学习小组，学习相关知识、持续探究并进行相关作品制作
后期展陈	1. 通过海报制作、新闻播报等多种形式在展览前期进行宣传推广。 2. 团队分工，承担解说员、语音录制员、安保人员等工作，为参观者提供力所能及的服务。	·同伴互动组成学习小组，分工协作 ·师幼互动共同管理活动的实施
复盘反馈（可选）	1. 统计参观人数。 2. 收集观众反馈建议，聆听观众反馈，用于下一步改进。	·师幼互动共同进行复盘，听取反馈意见，总结相关经验

由此，为了让多种形式的人际互动真正对幼儿的发展产生促进作用，我们提出了教师支持幼儿自主策展时应遵循的若干原则，具体如下：

- 不要试图独自去掌控幼儿的整个学习过程，要对幼儿的想法和兴趣给予足够的尊重和接纳；
- 教师自身也应充满好奇地参与幼儿的学习过程，留出足够的时间陪伴幼儿，让他们表达自己的理解和想法；
- 不过早干预，耐心等待幼儿主动寻求帮助，积极倾听。

二、明晰策展流程和实施路径

确定了策展主题后，该如何去逐步实施策展活动呢？通过研究和实践，我们将策展活动的实施流程分为前期策划、中期布展以及后期展陈三个阶段，每个阶段有各自的内容重点以及不同的实施路径。

（一）前期策划

1. 内容重点——收集与讨论

在前期策划阶段，教师需要和幼儿一起探讨规划展览的主题、内容和展示形式。教师可以与幼儿在课堂上展开讨论，让幼儿提出自己感兴趣的主题，并进行投票，以民主的方式筛选确定。例如，选择季节主题，引导幼儿观察季节的变化并展示季节的特点和美景；选择自然风景主题，鼓励幼儿用不同的艺术媒介表现自然景观；选择动物世界主题，引导幼儿了解各种动物的特点，再进行绘画创作或者手工制作；选择某一文化主题，让幼儿了解不同文化的特色，展示文化的多样性。

确定主题后，教师可以与幼儿一起收集相关资料和展品。例如，外出采集自然材料，如树叶、鲜花、石头等，或者收集图片、文物和书籍等。在这个过程中，教师应引导幼儿进行观察、分类整理和表征，帮助他们理解展品的特点和属性。然后引导幼儿选择合适的展示方式，如布置展板、制作海报、搭建展览架等。在选择展示方式时，教师需要根据幼儿的年龄和发展水平，确保展览的内容能够吸引幼儿的兴趣，并与他们的学习需求相符。

2. 实施路径——家、园、社协同

在幼儿园内，教师与幼儿根据策展主题进行充分讨论。在园外，家长与幼儿共同收集与策展主题相关的信息资料，集中带至园内，师幼共享信息、提出想法与问题。幼儿在家长的协助下完成信息的记录和表达。

对于不同年龄段的幼儿，教师会采取不同的信息收集方式。例如，对于还不擅长图画表征的小中班幼儿，教师们会采取谈话、采访、倾听等语言方式与幼儿进行直接交流，再通过家、园、社协同，共同收集所需的材料和资讯信息。对于大班幼儿，教师会带着他们走进社区、走进展览场馆，开展深度学习与交流。

1

2

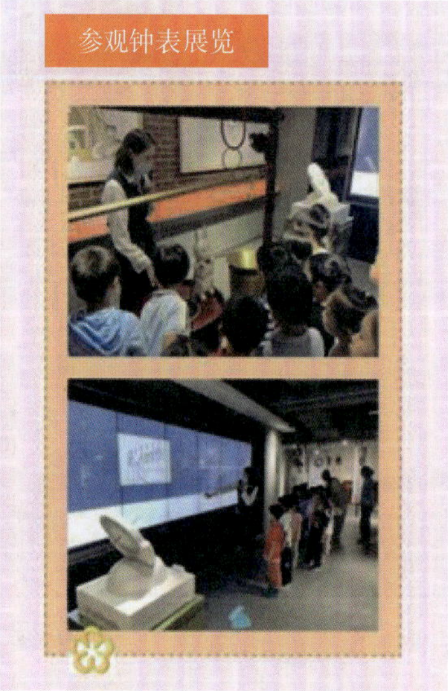

3

1 > 孩子们走进林曦明现代剪纸艺术馆，直接感受传统剪纸之美，了解中国纹样的魅力。

2 > 孩子们走进枫林钟表博物馆，通过讲解员的介绍，了解日晷、漏刻等传统计时工艺。

3 > 孩子们对亚运会充满兴趣，他们提议走进上海体育馆，直观感受运动场馆；近距离接触运动项目。

综上所述，策展前期的信息收集可以在幼儿园、家庭、社区、博物馆等场所发生。在这个过程中，幼儿不仅要收集资料，还要与同伴分享信息和知识。教师要与幼儿一起分类整理、表征、陈列资料。前期的策划准备引发了幼儿主动探索的欲望，也为他们带来新的经验。

（二）中期布展

1. 内容重点——表达与表现

在中期布展阶段，教师和幼儿一起进行展览布置和展品陈列。由幼儿选择展示的位置和方式，设计展览布局，摆放和陈列展品。例如，在季节主题的展览中，可以在展示区域设置四个表现不同季节的小角落，幼儿通过绘画、手工制作等方式展示季节的特有景物；在自然风景主题的展览中，可以通过展板和图片呈现不同地理环境的特色景观，放置一些可触摸展品让幼儿亲身感受自然元素。在布置展览和陈列展品时，教师应引导幼儿思考展览的整体效果和氛围，鼓励他们在原有经验的基础上进行大胆尝试。

2. 实施路径——小组个别化学习活动

完成前期策划、信息收集后，开始进入表达表现的布展过程，这个阶段的实施路径是个别化学习活动。那么，如何在小组个别化学习活动中完成布展呢？教师应围绕幼儿策展主题中的关键问题来构建学习环境，提供多类材料，设计小组个别化学习活动的内容。幼儿进行创作的过程也是主动探索和深度学习的过程。

1

2

3
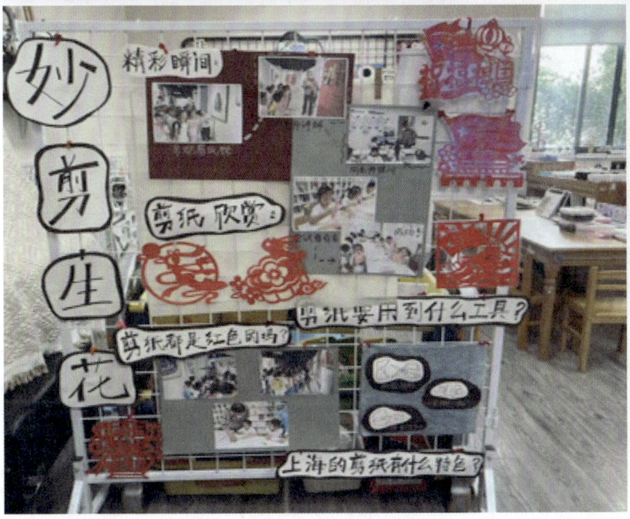

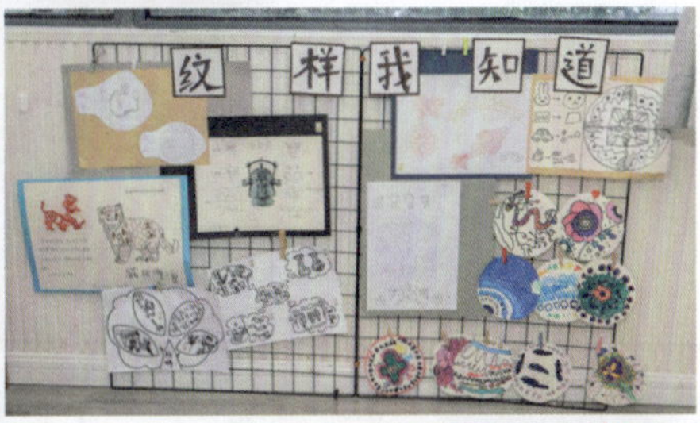

4

5

1/2 > 幼儿和同伴使用平板电脑搜索资料，共同商讨。
3/4/5 > 展板和墙面上呈现了幼儿探索学习的过程和记录。

案例：运动会畅想

围绕着“我们的运动会怎么开展”，大班幼儿在个别化学习活动中进行探索。幼儿说，运动会需要奖杯，于是教师创设了奖杯制作区域，和幼儿一起收集奖杯、奖牌用于感受与欣赏。幼儿说，运动会需要吉祥物，教师创设了吉祥物绘制区。幼儿还说，运动会需要有运动游戏项目，教师便创设了项目体验区。

在策展活动的中期阶段，教师用问题驱动的项目化学习方式引导幼儿主动探索、主动学习，将展品制作、布展设计布展与小组个别化学习活动进行结合。

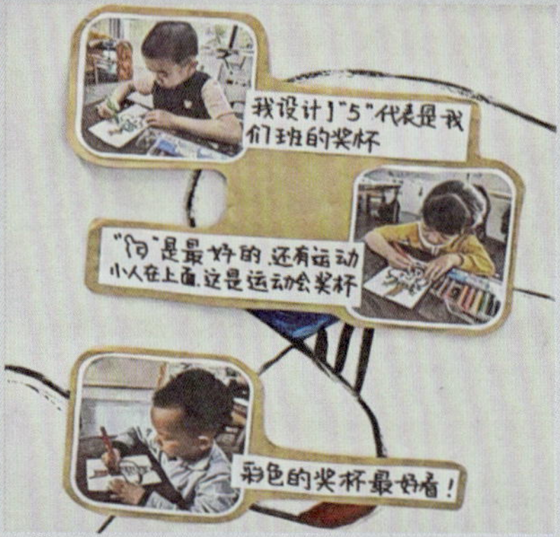

“我们的运动会怎么开展”由这一问题引发幼儿的头脑风暴，教师将幼儿的讨论草图以思维导图的方式呈现在墙面上，再现了幼儿的活动过程。

在小组个别化学习活动中，幼儿根据自己的兴趣分成不同小组，讨论、设计、制作展品，完成后在特定区域布置展示。

在布展过程中，教师会给予幼儿一些启发性的问题，如："你觉得奖杯应该放在哪个位置才能更稳固又美观？""我们如何能够更好地展示这些运动项目？"通过这样的引导，激发幼儿的思考和创造力，让他们在布展的过程中获得更多的参与感和成就感。

通过图纸和彩笔，幼儿将自己的展品和布置方案进行可视化呈现。这不仅可以帮助幼儿更好地理解展览的布置方案，还可以锻炼他们的绘画技能和空间想象能力。

案例提供者：吴辰珊

（三）后期展陈

1. 内容重点——展陈与解说

这个阶段需要为幼儿提供一个可以自由发挥的展陈区域，让他们自主选择展示的物品，并决定展品的摆放、布置方式以及如何对其进行介绍解说。教师可以从以下三个方面提供支持：

引导幼儿思考和表达：不断提出问题，鼓励幼儿观察、想象和思考展品的意义和背后的故事，尽量使用开放性的问题，让幼儿自由表达自己的想法和感受。

提供合适的工具和材料：为幼儿提供展陈和解说所需的工具和材料，例如标签、绘画工具、摄影设备等，幼儿可以自由选择和使用这些工具，展示自己的创意和想法。

陪伴并适时提供支持和反馈：教师给予幼儿积极的支持和鼓励，帮助他们克服困难并完成展陈和解说任务。同时，给予适当的反馈和建议，帮助幼儿提高他们的展示和表达能力。

2. 实施路径——班、园、家融合

班级层面：在班级中，教师与幼儿一起制定展览的主题和内容，并指导幼儿进行展品的创作和布置。组织幼儿一起讨论展品的摆放位置和展示方式，提出建议和参与决策。在展览期间，可以组织观赏活动，让幼儿互相欣赏和学习。

幼儿园层面：在幼儿园中，安排专门的展览区域，用于展示幼儿的作品。与其他班级和部门合作，集中展示不同班级的作品，形成整体的展览效果。同时，组织观展活动，邀请其他班级和家长来参观展览，增加展览的影响力和教育价值。

家庭层面：家庭是幼儿成长的重要环境，也是展陈与解说的重要参与者。教师通过与家长进行有效的沟通和合作，邀请家长参与展览

1

的策划和准备工作。在展览前向家长提供展品的创作思路和指导，鼓励家长与幼儿一起制作展品。在展览期间，邀请家长参观展览，并组织家庭互动活动，让家长和孩子一起探索、解读和享受展览的乐趣。

这样的融合模式能够提升展览的质量和影响力，为幼儿的学习和成长提供更丰富的机会和体验。

3. 参展体验

完成展陈后就到了幼儿最喜爱的参展体验阶段。幼儿可以根据自己的兴趣，走出班级，自主选择任意展台、展区进行参观体验。每个展台、展区都设置了“玩美艺术家”，他们的任务是针对本班创设的展台环境，向观展人介绍展览主题、体验区域内容，并邀请参与体验操作。

2

1 > 从室内延伸至户外，幼儿有了充分的空间可以“大展身手”。他们要根据自己负责的展台大小自主决定如何布置展览现场，在完成展品摆放后进行宣传与解说。

2 > 在“童眼看中国”这项全园参与的大型展览中，各班自选策展主题并完成整个策展流程。这里呈现的是部分展区——纹样展、妙剪生花、苗族奇旅、火箭上天。

1

2

3

1/2　> 在展览期间，幼儿可以在游戏时间自由参观展区，互动体验，如皮影小人试玩、自制苗族银饰、体验宇航员、感受水拓、火箭试飞、运动体验、剪纸互动、观摩皮影戏等。

3　> 部分幼儿作为工作人员承担展区维护及讲解的工作，其余幼儿则可以自由前往其他展区观展，时间为半小时。待时间到，幼儿回到各自班级稍作休整，互换身份后开始当天第二轮参展体验。

4 > 为同伴展示苗族舞蹈的“工作人员”。
5 > 幼儿正在解说展品，并邀请同伴尝试体验。

4

5

4. 宣传与解说

在展览活动中，有一个让幼儿跃跃欲试的体验活动，就是负责宣传解说的“玩美艺术家”。幼儿可以根据自己的兴趣，报名适合自己的工作，如皮影戏的演员、主持人或者作品讲解员，还可以成为采访、记录现场精彩活动的小记者。

5. 评价与反思

整个策展活动的尾声是邀请幼儿和教师进行评价与反思。

（1）幼儿评价

通过展后采访、展后投票、成长手册记录等方式，鼓励幼儿用自己喜欢、适合年龄特点的方式对自己参与的策展或观赏的他人展览进行评价。

1

2

3

1 ＞ 幼儿成长档案：在快乐大活动的版面中，幼儿以绘画的方式记录了自己难忘的瞬间——在展览中跳苗族舞。教师帮助幼儿用照片、视频的方式记录下这一令她骄傲的时刻。

2 ＞ 幼儿绘画表征：幼儿在活动后记录了当天令自己最难忘的体验项目——火箭发射、火箭制作。教师借助一对一倾听，了解幼儿对这两个体验项目的感受与评价。

3 ＞ 幼儿成长档案：幼儿记录了自己在秋艺展览活动中担任“玩美艺术家”的感受。在“好朋友来点赞”的评价方格里，他收获了许多“大拇指”。幼儿会将这页记录纸带回家，向家长介绍自己在幼儿园经历的事。

(2) 教师评价

教师对策展活动的评价聚焦主动学习状态，为此形成了一套观察评价工具，并使用数字化的方式进行采集和统计。通过数据反馈，我们发现教师观察记录的频次和时长增加了，并从对观察事件与案例的分析中积累了实施策展活动的典型案例，教师的育人理念、教育行为也从关注“如何教”转变为关注“如何学”，从关注“整体发展”转变为关注“差异发展”。

在上图中，教师观察并记录了幼儿在策展活动中的参与度、兴趣表现、创造力、合作精神等方面。这些评价结果可以帮助教师更好地了解幼儿在策展项目中的表现和发展状况，定期的评估有助于教师了解幼儿的成长情况，从而提供个性化的教学和支持。

三、以项目化方式实施策展活动

项目化学习是一种教学组织方式，指根据幼儿的需求与兴趣，与幼儿一起设计组织他们的学习和发展过程。项目并不是由独立的任务组成的，而是包括一系列相互关联、协调统一的活动，这些活动以加强幼儿的认知、语言、运动和社会情感等能力为目标。对一个项目而言，最重要的不是最终结果，而是达到这一结果的过程。项目化学习是对教育机构中传统课堂教学的补充，而非独立的、全面的教学。[1]

在项目式的任务中，幼儿将在一段较长的时间内对某个主题进行研究。他们被分成不同的小组，负责这一主题的不同方面。这些内容不仅是幼儿感兴趣的，也是教师认为有意义的。在这种教学法的构想中，教育是一个由成

1. 瓦西里奥斯·伊曼努埃尔·费纳科斯. 德国学前儿童媒介素养教育 [M]. 李颖妮，译. 上海：华东师范大学出版社，2022: 120.

人和儿童一起规划、共同建构的过程，大家在合作的框架下，一起发现知识，发掘意义，经历整个学习过程。

简单来说，项目式学习具有以下特点：

- 幼儿积极参与设计自己的学习过程，确定项目的主题和活动内容。
- 幼儿以共同建构的方式发展对项目主题的理解，教师和幼儿平等地在项目中贡献各自的想法、建议和解释。
- 幼儿以民主协商的方式在项目的实施过程中倾听、讨论、共同做出决定，并根据不同成员的贡献进行调整。
- 幼儿在有意义的情境中学习，也可以通过校外的社会资源来实现学习。
- 幼儿不会直接得到解答，教师只会帮助他们发展策略，发现新的可能，激发他们去反思自己的学习和思考过程。

通常，项目化学习会以一场成果展示作为项目的结束方式，它为幼儿带来一种成就感，他们的努力最终以一种看得见、摸得着的形式呈现出来，并得到他人的认可。这也使得项目化学习与策展活动具有天然的结合性。但最重要的是，项目化学习和策展活动都强调由师幼共同建构而成，围绕某个主题，经由问题驱动进行决策、讨论和实施，并在完成任务之后将其结果展示出来。

在以项目化方式实施策展活动的全流程中，通常包括以下几个阶段：

- 策展项目的计划和准备：在这个阶段确定策展项目的主题和目标。教师根据幼儿的兴趣、主题经验、年段发展特点等因素，共同选择合适的策展主题，进行活动规划和准备工作。
- 策展项目的实施：在此阶段开展观察、探索、讨论等系列活动，还包括幼儿参与各种具体的展品创作、展览布展以及参展体验。
- 策展项目的感悟和反思：在这个阶段，教师和幼儿对策展项目进行回顾、思考和总结。教师可以对项目的有效性、幼儿的成长与发展以及自身教学方法进行反思，为今后的教学和策展工作提供指导和改进。幼儿则回顾自己遇到困难以及解决问题的策略。

下面将用若干具体案例来详细说明如何以项目化方式实施策展活动。

案例：千言万羽·我和小鸟做朋友（中班策展项目）

（一）策展项目的产生

进入学习主题“春天来了”，教师鼓励孩子通过不同方式了解春天是个万物生长的季节，关注自然环境的不断变化。在一次散步活动中，孩子们观察到树上的鸟巢，对小鸟产生了浓厚的兴趣。孩子们发现原来有这么多不同的小鸟，它们的羽毛颜色各异，叫声也各不相同。

随着活动持续深入，孩子们的问题喷涌而出：“它们生活的在什么地方？”“它们吃什么食物？”“小鸟是怎么飞起来的？”“这个小鸟是濒危动物，什么是濒危？”“我们怎么样才能帮助这些可爱的小鸟？”这些都体现了孩子们的求知欲和同情心。于是，选择“如何与小鸟做朋友”为驱动性问题，采取策展的方式推进下一阶段学习。从设计小鸟喜爱的巢穴、学习保护小鸟栖息地的方法到用宣传、情景剧的方式让更多人了解保护小鸟、环境的重要性，孩子们在这一过程中不仅增长了知识，也培养了责任感和爱心。

（二）策展项目的计划和准备

经过与幼儿共同讨论，确定了可以持续深入的若干活动。

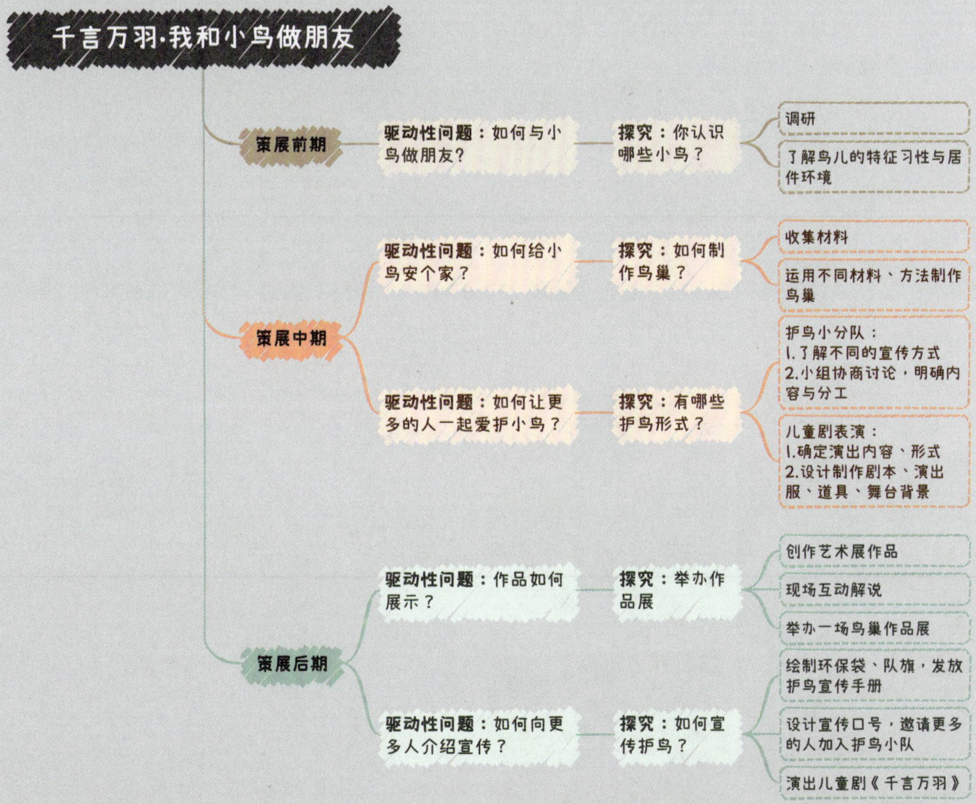

基于思维导图，教师将着重从以下方面支持幼儿的学习与发展：

· 动作与技能：支持幼儿动手制作、探索不同材料，引导幼儿在与同伴互动交往过程中增强解决问题的能力。

· 认知与能力：结合4月1日爱鸟日，引导幼儿通过查阅资料获得有关鸟类的多种信息，以各种方式积极参与护鸟行动，产生爱鸟、护鸟的情感和初步的环保意识。

· 情感与态度：鼓励幼儿运用制作的服装、道具、作品大胆进行表演、展示、宣传，激发幼儿爱护自然、爱护动物的情感。

（三）策展项目的实施

1. 前期策划：了解各种各样的鸟

（1）调研收集资料

在收集资料的过程中，孩子们通过参观自然博物馆、上海动物园、野生动物园认识常见的鸟类，如孔雀、金刚鹦鹉、鹈鹕、企鹅、鸵鸟……在介绍自制小报时，孩子们对于不同鸟类的外形特征产生了进一步探究的欲望："原来金刚鹦鹉能模仿我们说话。""只有雄孔雀才会开屏，为什么雌孔雀不开屏呢？""为什么苍鹰的嘴巴弯弯的，像钩子，和其他的小鸟不一样？""我们可以在学校里给小鸟做一个舒服的窝吗？希望每天散步时都能遇见它们。"

活动：参观博物馆、动物园

活动目标：通过亲子活动参观了解常见鸟类特征以及栖息地，了解鸟类与自然环境的紧密关系。

活动要点：

1. 活动前提示幼儿重点观察博物馆中的鸟类的外形特征，发现并比较它们的异同。

2. 鼓励幼儿通过拍照、拍视频等方式将参观的感想与问题记录下来，制作成小报带来幼儿园交流。

幼儿通过走访社会资源获取信息，并获得与不同鸟类互动的真实体验，为后续活动开展做铺垫。

幼儿在收集、了解有关鸟类知识的基础制作小报，向同伴大胆介绍。

家园合作共同收集相关图书。
将图书、幼儿自制幼儿小报陈列于教室里，供幼儿随时阅读、交流分享。

（2）确定驱动性问题

在孩子们的诸多想法中确立了推进下一步活动开展的驱动性问题："如何与小鸟做朋友？"教师接着鼓励幼儿通过彩绘、手工制作的方式，选择自己感兴趣的小鸟种类，依据照片对其写生，再将"如何与小鸟做朋友"的想法记录下来。

提供纸笔，鼓励幼儿记录怎么和小鸟做朋友的办法，并利用点读笔点读同伴的想法。师幼共同整理资料、记录想法，以思维导图的形式展示于主题墙上，幼儿的想法也日渐丰富。

幼儿可以选择自己喜欢、感兴趣的鸟类，为其绘制长卷画，并收集多元材料进行画框装饰。

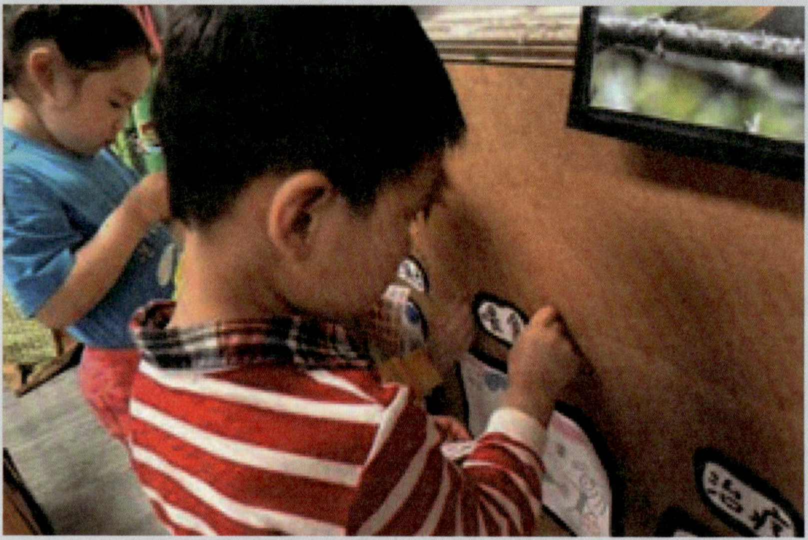

针对主题墙上梳理的“如何与小鸟做朋友”的问题，幼儿可以对不同的办法进行投票，共同决定下一步活动内容。

将教室内容活动区打通，在美工区提供多种操作材料并可将其用于其他活动区。

2. 中期准备：让更多人一起爱护小鸟

（1）话题衍生，自主选择

根据投票结果，老师和幼儿从“如何和小鸟做朋友”这一问题衍生出“给小鸟安个家”“让更多人一起爱护小鸟”两个子内容，并由此延伸出鸟巢建筑师、护鸟小分队两个活动。孩子们可以自主选择感兴趣的活动参与。

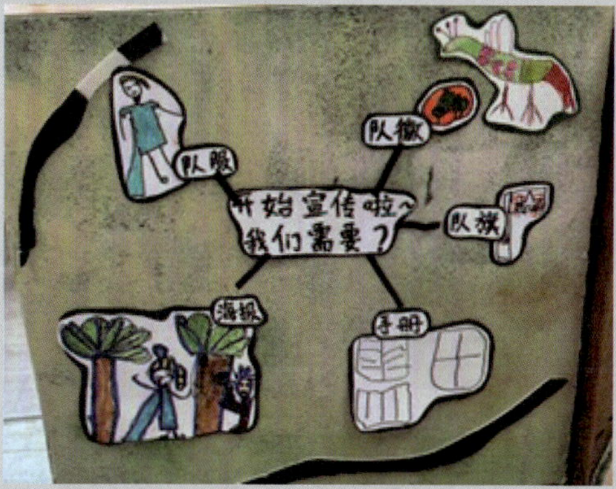

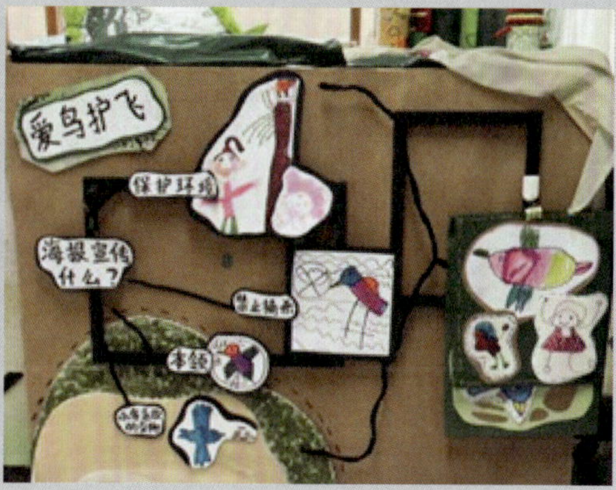

细化各小组任务，利用思维导图进一步明晰活动内容，幼儿可以在活动过程中随时查看和调整。

（2）家园合作，收集材料

教师利用家长会的契机，就本次策展活动对于幼儿的意义向家长进行宣讲，发动家长与幼儿一起参与资料调研、材料收集，让家园形成紧密的联结。

幼儿将收集到的各类材料，如自然物，树枝、圆木片、毛线、木棍、纸盒等，集中收纳于美工区。

家长用视频记录下在家中阳台上搭建鸟巢的斑鸠，在班级群中进行分享。

(3)开放空间，环境浸润

随着活动深入，充分考虑墙面、桌面、地面的空间利用，打通各活动区并提供可移动的开放式材料架。幼儿可随时随地将自己的想法、作品展示出来，与他人交流。

在植物角陈列幼儿收集的鸟类摆件，模拟自然森林的情景。
鼓励幼儿将自己的作品融入到环境中。

活动：鸟巢建筑师

活动目标：在对鸟的外形特征、习性、栖息地有初步了解的基础上，尝试设计并制作适合鸟类居住的鸟巢。

活动要点：

1. 了解不同类型鸟类栖息地的基本情况，如森林、平原、水域等，根据不同环境特点设计相应的鸟巢。

2. 师幼共同收集生活材料、自然物，根据现有材料制作适合小鸟居住的鸟巢。

3. 用制作完成的作品布置儿童剧表演背景或教室环境。

4. 教师在活动过程中关注：幼儿在设计过程中遇到哪些问题，是如何解决的；幼儿有哪些爱护动物的情感表现；幼儿对不同材料的想象与运用情况；幼儿实际收集到的材料种类与情况；幼儿对不同鸟类与周围环境的关系有哪些了解。

幼儿利用收集到的各类材料，探索搭建、制作、装饰鸟巢。

活动：护鸟小分队

活动目标：积极讨论护鸟的宣传方式，在设计、制作、宣传的过程中进一步激发爱鸟护鸟的情感体验。

活动要点：

1. 讨论护鸟的宣传方式并进行记录。

2. 设计并制作队旗、队徽、宣传手册、海报、队服等宣传物品。

3. 制定护鸟宣传口号、宣传爱鸟护鸟的方法，邀请其他人在队旗上签名。

4. 教师在过程中关注：幼儿对不同材料的使用频率和兴趣程度；幼儿与同伴之间如何分工与协作；幼儿如何向他人表达自己的观点，语言表达能力如何。

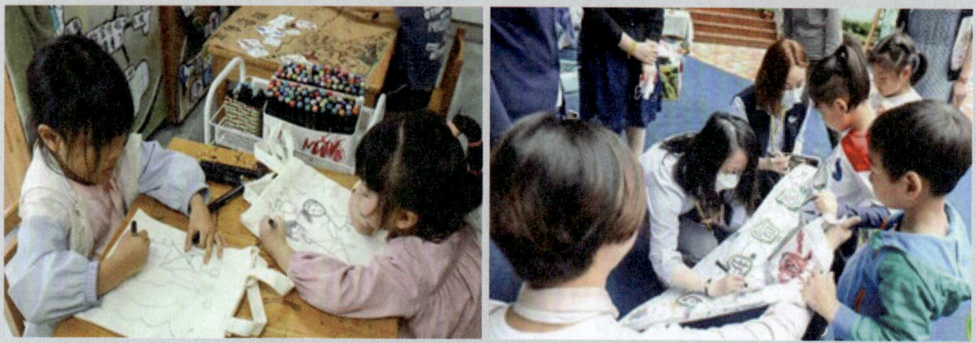

幼儿在环保袋作画、邀请其他人在上面签名加入护鸟小分队，并借机宣传爱鸟护鸟的理念。

有孩子带了一笼小鸟放到自然角，孩子们看到圈养在笼子中的鸟，开始了讨论：

“小鸟住在笼子里，我们可以给它准备好吃的食物，它也不会被坏人和天敌伤害。”

“小鸟太可怜了，住在笼子里，都不能和其他好朋友一起玩了。”

“小鸟应该住在森林里。”

“笼子里这么小，它肯定住得不舒服。”

“如果小鸟把人关在笼子里，人类也不会开心的。”

“住在笼子多安全，不用出去找食物，也不会受到伤害。”

孩子们七嘴八舌地讨论着，最终以投票的方式来决定是否把小鸟关在笼子里。有83%幼儿觉得小鸟属于大自然，应该有它自己的家而不是被关在笼子里。最后，老师与提供小鸟的家长沟通，在获得家长同意后，幼儿们在六一儿童节当天放飞了笼子里的小鸟。

幼儿将围绕是否要放飞小鸟这一话题进行记录并投票表决。

3. 后期展陈

(1) 自编、自演儿童剧《千言万羽》

在前期资料调研、设计讨论的过程中，幼儿对鸟类的认识得到加深，最后有一部分幼儿决定自编、自演一出儿童剧来宣传保护鸟类和环境。

活动：儿童剧表演

活动目标：尝试创编故事并进行自主表演，提升语言表达、问题解决、动手制作、互动交往等能力。

活动要点：

1. 针对演出的故事剧本进行内容创编并绘制纸质剧本。
2. 讨论并制作演出时需要的道具、服装、头饰、头冠。
3. 针对剧本内容进行旁白、演员、道具工作人员等角色分工并尝试排练表演。
4. 教师在过程中关注：幼儿与同伴沟通、协商的情况；幼儿对演出过程中遇到的问题是如何解决的；对剧目中出现的不同鸟类的外形特征，幼儿是如何利用台词、动作、服装和道具等进行表现的；幼儿是如何创编剧情、设计剧本的。

舞台的整体背景由幼儿设计，教师在幼儿的要求下提供适当协助。

由幼儿绘制演出剧本，利用点读笔针对不同场景的内容进行录音注释。

根据创编的剧情角色，幼儿利用不同材料进行装扮

案例提供者：朱海玲

案例：未来汽车博物馆（中班策展项目）

（一）策展项目的产生

三月，开展了“我在马路边”主题活动，孩子们对马路上各种各样的车产生了兴趣，时常与同伴讨论自己见到的车。有一天自由活动时间，孩子们与老师聊了起来，分享说在马路上看到了双层观光车。老师询问他们还看到过哪些有趣的车，他们瞬间打开了话匣子——“洒水车”“搅拌车”“消防车”“救护车”“大吊车”，争先恐后地分享。这让老师意识到这确实是孩子的兴趣点所在，在集体谈话中，老师询问大家关于车还有什么想要了解的，并且马上记录下孩子们的问题。

孩子们喜欢在自由活动时间玩玩具车。

师幼共同创设汽车展墙，将幼儿带来的玩具车集中展示与收纳。

教师在教室里摆上了多种与车相关的书籍，供幼儿翻阅。

（二）策展项目的计划和准备

由“未来汽车”这一话题，在策展项目的不同阶段确定了驱动性，并由驱动性问题延伸出若干小组进行探究。

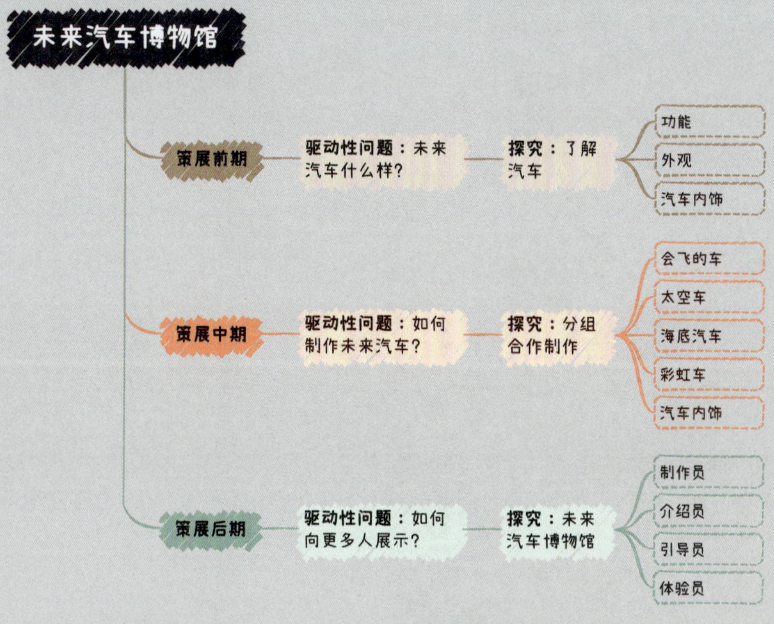

基于思维导图，教师将着重从以下方面支持幼儿的学习与发展：

- 动作与技能：引导幼儿发挥想象力和创造力，制作不同外观和功能的未来汽车，鼓励幼儿表达和分享自己的创作感受和意图。
- 认知与能力：在前期探索经验的基础上，支持幼儿通过多种形式寻找答案并进行创造性表征。
- 情感与态度：引导幼儿与同伴进行小组分工，促进幼儿产生主动交往、主动合作的意愿。

（三）策展项目的实施

1. 前期策划：未来汽车什么样？

（1）参观汽车博物馆，了解汽车发展史

孩子们结伴来到嘉定区汽车博物馆进行参观，发现了很多在平时生活里不会看到的车，如世界上第一辆汽车、20 世纪的老爷车、车灯特别大的车、车身很长的车等。家长拍摄下这些有趣汽车的照片和视频，孩子们以小报和电子照片的形式带到班级中与同伴分享。

家长在班级群分享孩子们参观汽车博物馆的注意事项，展品推荐和感受，带动更多家长产生兴趣。

幼儿参观汽车博物馆后制作小报，与同伴分享。

教师将孩子们的所见所得整理分类，呈现在主题墙上，作为策展前期的调研成果。

汽车博物馆中不同年代不同造型的车引起了孩子们的热议，在幼儿的提议下，在班级的外墙上也布置展出“汽车发展史”，有助于幼儿仔细观察和比较汽车的发展与变化。

（2）家园协同助力，确定驱动性问题

了解汽车发展史后，孩子们对汽车的兴趣更浓厚了。从第一辆汽车至今，汽车的外观和功能都发生了翻天覆地的变化，给我们的生活带来便利。孩子们对汽车提出了更多疑问，例如：“世界上为什么会有车？”“为什么每种车都长得不一样？”“汽车是怎么开动的？”“堵车了怎么办？”“未来汽车会是什么样的？能上天入地吗？”孩子们的问题涉及汽车的方方面面，他们对汽车充满了好奇心、想象力和求知欲。

为了解答孩子们关于汽车的疑问，教师邀请了汽车专业的家长进课堂，向他们介绍汽车的内部结构和目前汽车的新科技，经专家解读进一步了解汽车后，孩子们产生了办一个未来汽车展的想法。

邀请具有汽车专业背景家长进课堂，与孩子们交流。

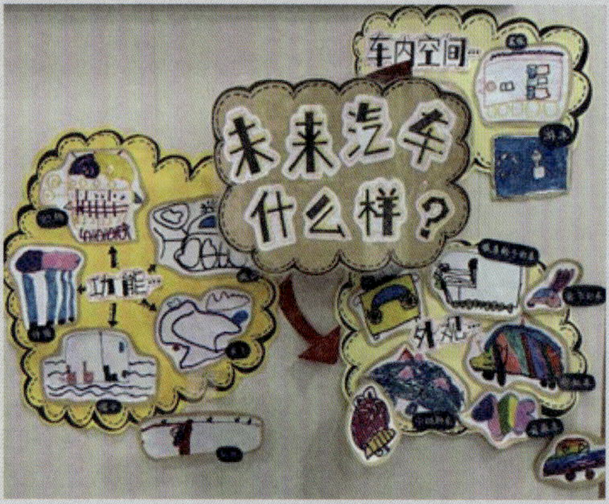

教师和幼儿经过讨论，将对于未来汽车的创想分为三类——外观、功能和汽车内饰。

2. 中期准备：如何制作未来汽车

（1）设计图纸，雏形诞生

经过参观、讨论和学习，孩子们心目中的“未来汽车”已经有了雏形，每个人都画出了第一稿汽车设计图。在自由活动中，孩子们相互介绍着自己的设计理念。最后通过投票，教师和幼儿一起选出了最想设计的若干类汽车，具体是：

功能：会飞的车、能潜水的车、能在月球上开的车。

外观：彩虹车、软软的车。

内饰：游乐场、洗手间、烧烤区、街心花园。

每个幼儿都绘制了未来汽车设计图。

（2）成立小组，自由选择

在这一阶段，教师鼓励幼儿选择自己感兴趣的内容，与同伴结成小组，一起继续探究、创作。教师通过倾听、观察、反思、回应，不断给予幼儿支持。

幼儿自主协商分组。

(3) 开放材料，自主选取

美工区里提供了不同材料，如纸箱、纸芯筒、保丽龙球、泡沫海绵、软管等，各小组都可以按需求自由取用。

幼儿为开放性的材料筐制作了标识，方便整理收纳。

幼儿使用绘笔、欧克泥、彩色毛线等工具和材料制作彩虹外形的未来车。

制作海底汽车的区域被布置成海底世界，孩子们可以根据设计稿制作能潜入水的车，也可以制作各种各样的海底生物，这相对于单一做汽车更加灵活，照顾到每个孩子的兴趣，还有孩子在制造汽车时提到“不能伤害海底生物”的要求。

“会飞的车”是比较大型的作品，相较于可以独立制作的小车，更需要提前进行设计和规划，“飞车”组的孩子们经过讨论，制作了思维导图，认为会飞的车需要翅膀、气球和竹蜻蜓，并得到了大家的一致认可。但在翅膀的造型上，他们产生了分歧，最后多方比较设计图，选出了最合适的翅膀造型。

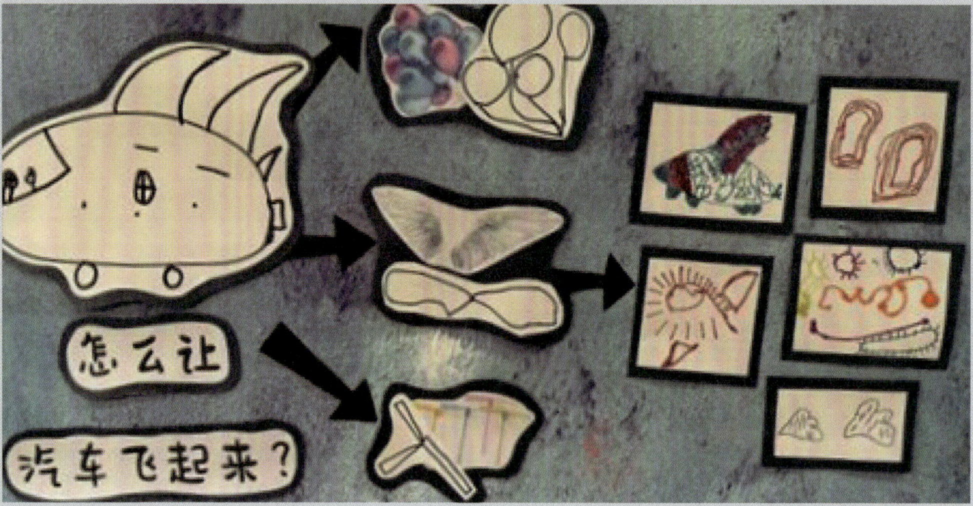

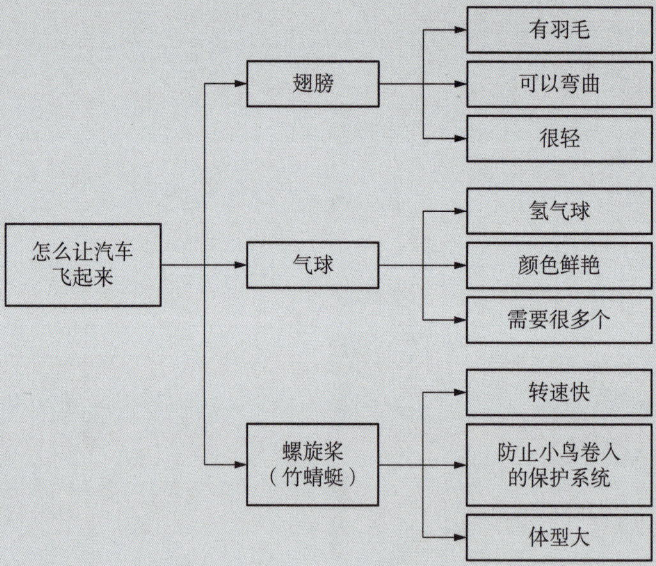

幼儿用多种方法制作可潜入海底、可浮在水上的未来汽车。

幼儿探索使用哪些材料可以让车飞起来。

幼儿为太空车贴隔热锡纸。

汽车内饰小组分为两块活动区，分别提供不同的创作材料。一块是欧克泥塑形区，一块是马克笔绘画区，孩子们可以根据自己的兴趣和需求自主选择。他们为汽车创设了卧室、宠物房、小花园、游泳池等，每个坐车的人都能享受到最舒适便捷的环境。

幼儿畅想在汽车内部划分出不同区域，有不同的用途。

嘉文已经连续一周选择海底汽车小组了，老师问他为什么不换一个小组，嘉文说：“我的海底汽车的摄像头还没有做好，要继续完成。”此时小夏招呼他：“嘉文快来，我们一起做海底汽车。”嘉文回答：“我想自己做。”小夏也开始做自己的“海底探测器”。持续了 10 分钟左右，嘉文的摄像头制作遇到了一点小问题，摄像头怎么都固定不牢，小夏问嘉文：“你涂胶水了吗？”嘉文说："我用了双面胶。""你可以试试海绵胶，我用海绵胶贴得很牢。"小夏如此提议，并帮助嘉文把摄像头固定住了。嘉文接着说："可以把我们的两部车合并在一起，变成海底无敌探测汽车。""好啊，我的车可以叠在你的车子上。"小夏回答。叠在一起后，小车变得很高，两个男孩哈哈笑起来："这么大的车啊，要把海底的小鱼都吓跑了。"小夏说："那我们给车子装个静音装置吧，这样就不会吓到小鱼了。""好的，我来画。"嘉文又画了一个静音器，把它贴在船底。

在每天的自由活动时间，孩子们都可以根据自己的兴趣选择想加入的小组。令人意想不到的是。85% 的幼儿连续一周都会选择同一个小组继续创作，可见幼儿对于自己投票选出的未来汽车是非常认可的，并且有持续的创作热情。

这个班的幼儿是第一次尝试以小组的形式共同完成作品。教师通过观察发现孩子们从一开始的在教师的带领下参与，到主动尝试和探索，再到合作中产生的主动交往，他们在遇到问题和冲突时能够通过自主沟通协调最终达成协议。

幼儿合作优化海底汽车。

3. 后期展陈

承承：我希望我们做的太空车真的能带我们到火星上旅游！

凯俪：我和怡怡一起把动物园做进了汽车内饰里，以后就可以和小动物们一起玩了。

乐乐：我最喜欢海底汽车了，它不但可以在海底开，也可以到海面上看风景。

纹纹：海底汽车可以清理海洋垃圾，保护海底的小动物们。

孩子们的作品逐渐增多，在每天的交流分享环节，他们都争先恐后地想向大家介绍自己小组的新创意。教师发现幼儿已经不仅仅满足于与班级同伴分享，孩子们想让更多人看到自己设计的未来汽车。于是，教师和幼儿一起商定在 5 月 18 日"国际博物馆日"这一天举办一场大型展览，向更多的同伴和老师展现他们的成果。

设置引导员角色，在展览中向其他人介绍展品。

邀请参观者为展览中最喜欢的未来汽车投票。

策展活动的一个核心是让儿童能够“主动地探究真实的问题和真实的世界建立联系，明白他们为什么而学”。孩子们在畅想未来汽车可以达到哪些进步的同时，还讨论到了驾驶汽车的现有情况。教师将幼儿发现的问题记录下来，并且鼓励幼儿找到能够解决这些问题的对应方法。真实的问题情境抓住了孩子的兴趣点，让探索变得更持久更多元，在这个过程中，中班的孩子渐渐学会了关注周围的事物，发现事物的变化，探索变化的原因，提出解决的方案，这远比把学习无数个知识点并束之高阁来得有趣。

案例提供者：孙宇

案例：嗨！建筑！（大班策展项目）

（一）策展项目的产生

随着主题“我们的城市”的开展，孩子们对周围的城市建筑产生了很大的兴趣，在一次午后散步时，一诺聊起了周末游玩时看到的建筑……

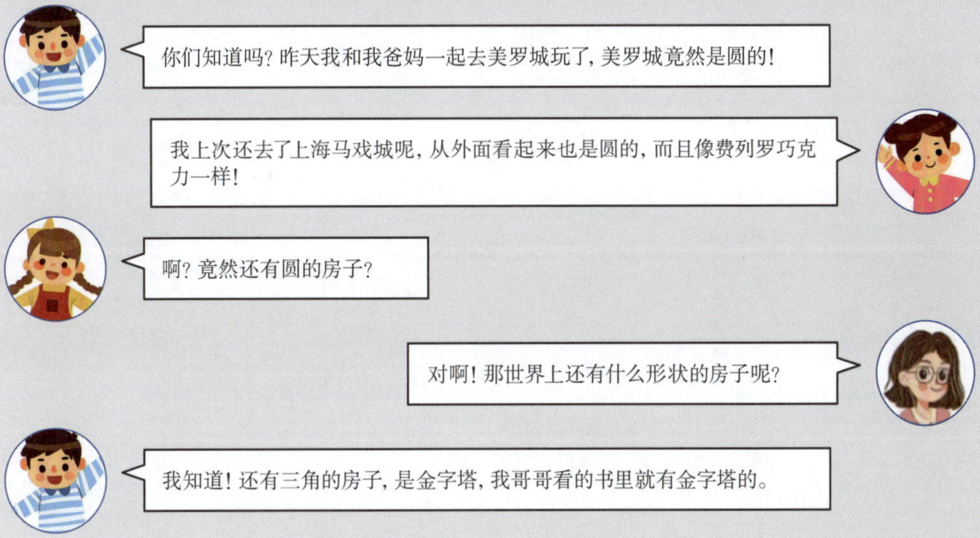
你们知道吗？昨天我和我爸妈一起去美罗城玩了，美罗城竟然是圆的！
我上次还去了上海马戏城呢，从外面看起来也是圆的，而且像费列罗巧克力一样！
啊？竟然还有圆的房子？
对啊！那世界上还有什么形状的房子呢？
我知道！还有三角的房子，是金字塔，我哥哥看的书里就有金字塔的。

从聊天中可以看到，孩子们对不同形状的建筑产生了很大的兴趣，世界上还有哪些形状的建筑也成为午后散步和自由活动时讨论的热点。

在前期资料收集的过程中，孩子们通过阅读书籍、观看视频，知道了世界各地有不同的建筑。在一次自由活动时，几个人就这个话题讨论起来。

师：世界上有这么多风格不同的建筑，你们想不想做设计师，设计属于我们的房子呀？

幼 1：想！

幼 2：但是我有一个问题，这个房子造在哪里呢？

幼 3：就造在教室里呀。

幼 4：但是好看的房子有那么多，教室里地方又不大，怎么造呢？

师：那你们觉得我们的房子还能造在什么地方呢？

由此，驱动性问题便产生了：我们能在哪里造房子？

（二）策展项目的计划和准备

以驱动性问题为始，老师和孩子们一起讨论与思考，最终确定了几个孩子们感兴趣且能够深入探讨与实施的活动内容。

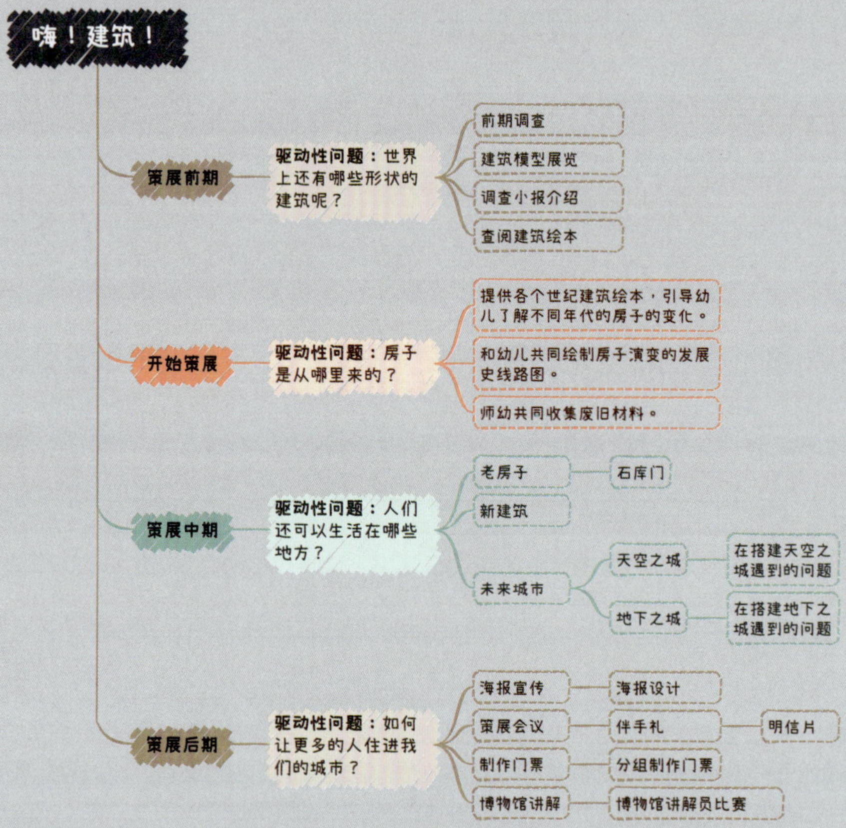

基于思维导图，教师着重从以下方面支持幼儿的学习与发展：

- 动作与技能：引导幼儿通过查阅、设计、创想、合作、展示的流程，共同设计并搭建自己的建筑。
- 认知与能力：鼓励幼儿了解不同时代中不同建筑的功能，感受城市中建筑的不断变化，并提升创新意识以及解决问题的能力。
- 情感与态度：在幼儿共同创造未来城市的过程中，支持他们体验共同合作的成功感、体会创造的快乐和趣味性。

（三）策展项目的实施

1. 前期策划：踏上建筑之旅

（1）共同收集，集中展示

在策展前期，老师和孩子们共同召开班级会议，围绕如何进行调查、收集资料进行讨论，最终决定通过查阅图书、制作小报、欣赏模型、城市海报等多种方式开展前期调查。例如阅读图书《揭秘建筑》《大美中国》《和爸爸妈妈去旅行》《揭秘城市》《地下100层》等；在教室里设置建筑模型区，分出上海、中国、外国若干区域，幼儿将自己带来的建筑模型布置于此，利用点读笔和二维码录制介绍音频，方便其他孩子们随时了解自己感兴趣的建筑；孩子们还将自己出去游玩或乘坐公共交通时收集的导览图、门票等带到幼儿园和大家分享，并布置出一面展示墙。

孩子们收集了城市宣传图、门票、地图、导览手册等资源，将其集中展示。

经过前期讨论后，孩子们和爸爸妈妈一起去书城购买关于建筑的书，并将其带来幼儿园分享。

通过查阅资料，孩子们发现世界上的建筑大有不同。老师在教室里留出若干空白展架、墙面，由幼儿在上面整理并展示自己的发现。

孩子们带来各式各样的建筑模型，每个建筑都配有二维码，用点读笔碰触就可以听到幼儿事先录制的介绍音频。

（2）实地探访，切身感受

活动：参观上海枫泾古镇

活动目标：

1. 欣赏枫泾古镇与城市的不同建筑风格，用写生的方式记录自己喜爱的水乡建筑。
2. 感受古镇建筑之美，体验与同伴共同完成任务的快乐。

活动要点：

1. 在活动开展之前，引导幼儿对枫泾古镇“看什么”做计划。
2. 在参观过程中，引导幼儿发现古镇和现代化城市的不同。
3. 支持幼儿讨论交流参观过程中的收获与疑惑。

教师和家长组织孩子们参观枫泾古镇。

2. 中期准备：地下城与天空之城

（1）小组招募，寻找伙伴

在前期广泛调研阶段，孩子们对图画书《地下 100 层》很感兴趣，这本书引发了他们对未来世界的幻想：“我们还能生活在什么地方？”“我也想生活在地下，好好玩。”“能生活在空中吗？”由这些问题引出了策展项目的后续发展。

孩子们对设计怎样的建筑产生了分歧。

经过讨论，最终组建了若干小组，有石库门组、天空之城组、地下城组、城市花园组、宣传组等。各组成员可以向班级其他幼儿宣传，招募新成员进小组。

各组成员用一周时间制作了宣传海报，在班级集体交流时说明小组任务，招募小组新成员。

在组队的过程中，又新增了房屋窗户地板组，负责设计墙面、窗户和地板，以及家具组，他们会将自己设计的作品提供给天空之城组和地下城组的工程师。

（2）发现问题，解决问题

在设计、建造的过程中，孩子们遇到了越来越多的问题。例如，天空之城组有成员提问：“如果我们住在天上就会被晒焦的，这该怎么办呢？”“我们应该如何上天空之城呢？”小组成员间频繁讨论着，老师也参与其中。

如果我们住在天空之城，那会被晒黑晒“焦”的。

为什么呢？

因为我们离太阳太近了，而且很晒，所以我们肯定会被晒黑晒“焦”的。

你们有什么好的解决方法吗？

我知道，我妈妈夏天出门的时候她怕晒黑，经常会撑一把遮阳伞的！

你们看到过遮阳伞吗？它是什么样子的？

我妈妈也经常撑太阳伞的，它很方便，可以打开还可以关上，如果外面很热的话，站在太阳伞底下就会很凉快。

原来遮阳伞的顶部不仅可以帮我们抵挡紫外线，还能够让我们变得很凉快，这真是一个好办法，你们还有什么好方法吗？

我妈妈上班都是骑电动车的，她没办法撑伞，所以是穿防晒衣的。

那我们可以制作防晒衣，还可以做遮阳伞，这样住在天空之城上，就不会被晒黑了。

有孩子提出可以制作梯子来登上天空之城，于是探索用不同的材料来实现。

通过投票确定了防晒衣最终版本后，孩子们开始按照设计图制作防晒衣。他们用尺量尺寸，然后进行裁剪。这时一诺说想先试穿一下，但是穿不进去。茗茗说："一定是头没有办法出来。"一诺说："那我们用剪刀把这里剪个洞吧。"几个人合作用剪刀剪出了一个洞，一诺的头终于可以钻进去了，可是手臂处还需要两个洞，于是先标记出手臂洞的位置。可是其余部分怎么黏合呢？麦兜说："我觉得不能用欧克泥或者胶水，因为不好看，也不牢固。"一诺说："那我们用玻璃胶吧，它是透明的，我感觉也蛮牢的。"几人一起合作用玻璃胶进行黏合。最后大家将防晒衣的袖子和帽子也制作了出来，防晒衣的雏形完成了。

小组成员先设计了各自心目中的防晒衣样式，并通过全班投票的方式，确定最终款式。

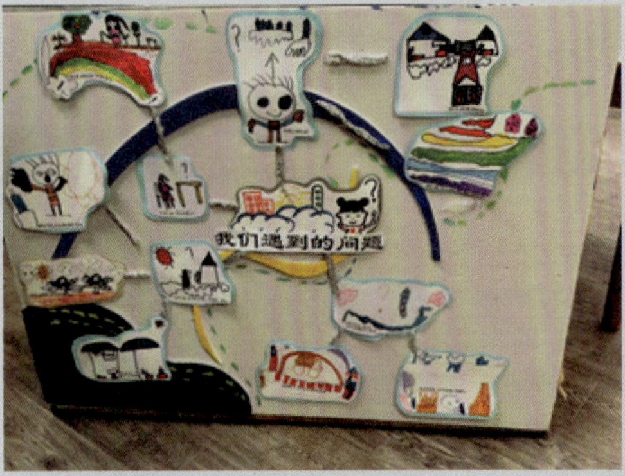

教师提供了若干空白展板，幼儿可以在上面整理并呈现自己小组遇到的问题。

小组成员的想法会经常变化，例如有幼儿提出住在天空之城和地下城都很麻烦，不想住了。小组成员针对这个问题又进行了一次讨论，大部分孩子继续的意愿非常强烈，努力说服这位提出问题的男孩改变了自己的想法。

如果住在天空之城我们会遇到这么多问题，那我们干吗还要去住啊？

是啊，这样听起来好像有点麻烦，你们还要住在天空之城吗？

你们为什么想住在天空之城和地下城这两个地方呢？

虽然地下城很暗，可是这样我们就能够一直在地下城开灯光秀了。

地下城很安全，当暴风雨来临时，我们能够躲在地下城。

我们还可以在天空之城摘星星，和星星玩。

天空之城上，我们还可以吃云朵棉花糖。

我觉得还可以在地下城和小鼹鼠玩。

孩子们将自己对天空之城的畅想画了下来：在天空之城里，不仅可以吃云朵棉花糖，还能够坐星星秋千，到了夜晚也不需要开灯，因为月亮和星星会照亮……

地下城组遇到的问题则与运输、管理与氧气有关。

地下城组成员将自己的想法告诉家具组，然后将家具组制作完成的家具搬运到地下城的小屋子里。

幼儿在地下城的墙面上绘制管道，将排泄物运往其他地方。

在地下城的设计过程中，孩子们还遇到了氧气问题，大家都觉得地下城如果没有氧气人就会生病。于是，大家在地下城的顶部挖了一个洞，这样氧气就能进来了，往上看还能看到天空之城。

（3）家园合作，共同推进

通过班级家长会，老师将孩子们的想法以及正在实施的活动与家长进行分享，帮助家长了解当下孩子们的学习需求和进度，也得到了家长们对此策展项目的支持。

在家长会之后，有部分家长利用周末时间带孩子参观更多的建筑，有针对性地进行了解与体验，帮助幼儿积累经验。

3. 后期展陈

（1）丰富建筑展览的内容

除孩子们自己设计的未来城外，也有部分孩子乐于创作身边见到的建筑，如老上海石库门、现代化的高楼大厦。

石库门是上海的特色建筑，这是班级孩子的最爱之一。石库门上独特的花纹也成为孩子研究的对象。在老上海区域，大家提议自己设计一栋石库门，便在教师的支持下，使用线描画的方式进行创作。

在班级的建构区，有部分孩子使用多种材料，搭建出他们看到过的高架道路。

（2）邀请观展

在天空之城、地下城完工后，孩子们都非常兴奋，迫不及待地想要邀请其他班的朋友来参观，于是就此召开了一次儿童会议。

怎样邀请其他班级的小朋友来我们教室参观呢?

我们可以进行宣传。

怎么宣传?

我们可以去每个教室和其他小朋友说。

我们还可以送点小奖品给他们。

送小礼物真是一个好的方法，可以吸引更多的朋友来我们教室。可是我们送什么小礼物呢?

我们可以多画点明信片给来参观的小朋友们啊。

真是一个好主意，还有什么其他方法吗？

我觉得还需要门票，因为我以前和我妈妈去看画展都是要门票的。

我觉得还需要有个小主持，就是可以在旁边介绍的。

大家一致决定要制作门票和明信片，用它们邀请更多人来教室参观建筑展览。除此之外，孩子们也自主分配了角色，有检票员、讲解员、宣传员等。

孩子们在美工区设计门票，他们对门票的用处以及门票上的元素先做了调查，再运用到自己的设计上。

在几天的准备之后，宣传员进入其他班级进行介绍并发放门票，邀请其他幼儿和教师来参观。此次展览得到了一致好评，孩子们的心中也迸发出浓浓的自豪之情。

宣传员第一次站在陌生的伙伴面前进行宣传，虽然紧张，但无比自豪。

其他班级的幼儿在自由活动时间可以凭票观展。

每个展区都设置了讲解员进行介绍，并邀请观众体验。

观众观展后，可以获得一份小礼品——本班幼儿的自制明信片，作为纪念。

案例提供者：施怡文

案例：童心趣染·妙“布”可言（大班策展项目）

（一）策展项目的产生

随着主题“有趣的水”的开展推进，孩子们在自主探索中发现水“千变万化”。在取色实验中，“有色”水偶然滴落，染脏了孩子的裤腿。“被弄脏的裤子变丑了、不干净了，怎么办？”“它就是一条花裤子！”孩子们的奇思妙想让“花裤子”变成一件有趣的事。于是，一个关于“花布”的策展项目由此展开。孩子们的话题从“怎么变出漂亮的布”聊到“布置一场美丽的花布展”。

（二）策展项目的计划和准备

经过讨论，从孩子们感兴趣的问题中确定了若干个可以深入开展的子项目以及最终的展览呈现形式。

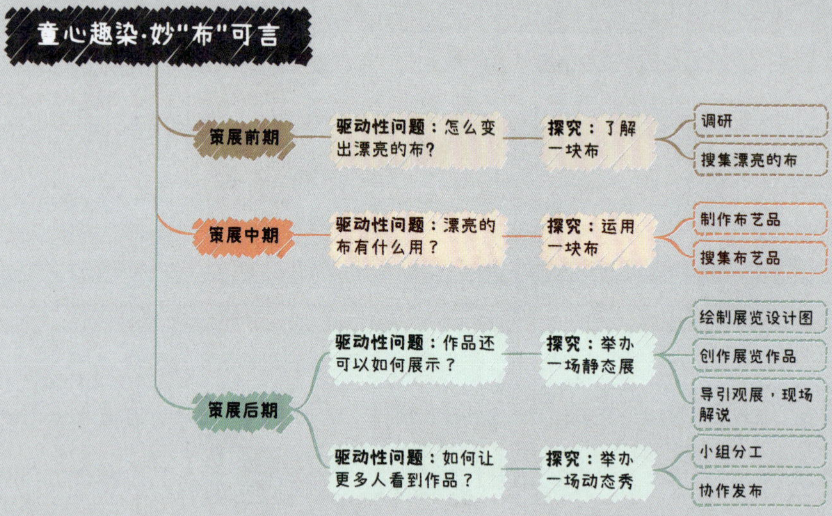

基于思维导图，教师着重从以下方面支持幼儿的学习与发展：

- 动作与技能：支持幼儿在和同伴的探索过程中，运用各种不同方式，如手工染色（手绘、扎染、泼染等）、编织以及刻印等，把布变得漂亮，并用这些漂亮布做成各种有用的物品。
- 认知与能力：丰富幼儿对于不同布艺工艺的了解，鼓励幼儿根据材料特质的不同选择适宜的方式进行艺术创作，为“布”赋予新的艺术价值。
- 情感与态度：提升幼儿运用自己制作的艺术作品布置环境、装扮自己和美化生活的能力，体验感知美、创造美、理解美的愉悦。

（三）策展项目的实施

1. 前期策划：了解一块布

（1）调研布料起源，搜集漂亮的布

开始之初，对于如何收集资料，孩子们明确了自己的信息收集方向——图书阅读、网络搜索、博物馆参观、小报制作等。教师在资料查阅区投放相关书籍，包括《花样生活 手工印染》《扎

染》《零基础玩转扎染的经典教程》等工具书，供教师以及已有大量阅读经验的孩子参考，还有绘本如《蜡染与撑天伞》《自己的颜色》《乌龟一家去看海》等。教师推荐孩子们探寻身边的博物场馆，如黄道婆博物馆、纺织博物馆以及相关工艺工作坊等，推荐观看纪录片，如《万物之生》《转化扎染》《方寸之间得清欢——国家级非遗“白族扎染技艺”》，鼓励孩子多途径丰富对“布”的认识。

孩子从家中带来的不同材质的布料，师幼一起将它们布置在网格展板上，供孩子们欣赏、触摸与交流。

教师和家长组织孩子参观纺织博物馆、探访布店。

在前期调研的过程中，孩子拍摄照片，制作小报，教师在教室里为他们提供了展示的空间与机会。

（2）确定驱动性问题

“花裤子”事件引发了幼儿的热烈讨论：“我们好看衣服就是这么来的，染一下就行！”“不仅可以染，也可以画。”“我衣服上的图案是印出来的。”那漂亮的布究竟是怎么来的呢？抓住这一教育契机，由“怎么变出漂亮的布”这一驱动性问题发展出了策展项目可实施的内容。

2. 中期准备：运用一块布

（1）成立小队，自主选择

孩子根据自己的兴趣设计制作“招募小报”，通过“招募会”寻找合作的同伴，成立创作小队，再经由自主协商的过程最终确定要完成的任务。

最后，孩子们成立了神奇染色小队、巧手织布小队、小小画家队、印刻达人小队、取色实验小队以及创意改造小队。

教师提供空白的展板，供幼儿整理并呈现对于策展内容的想法。

小组成立后，成员商量任务内容并以表征的方式记录下来。

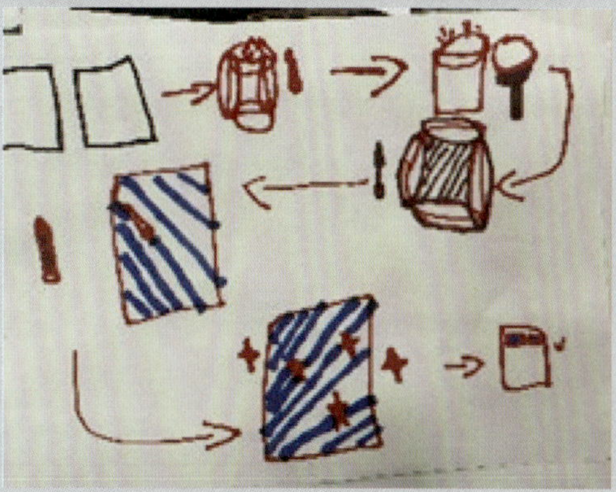

神奇染色小队设计的计划书内容是：拿取白布——准备染料——摆放工具——设想图案——染布——增加装饰——完成染布。

（2）家园合作，收集材料

教师利用家长会的契机，向家长介绍本次策展项目的教育价值，让家长直观地了解到孩子当下的学习兴趣和进程，也为家长指明了共同努力的方向——挖掘身边的资源，让幼儿有更开阔的视野与广泛学习的机会。

在资料区里呈现有亲子小报《蚕丝布是怎么来的》以及幼儿关于染布步骤的调查。

有家长收集了印布木戳提供给幼儿园，供孩子们观赏了解。

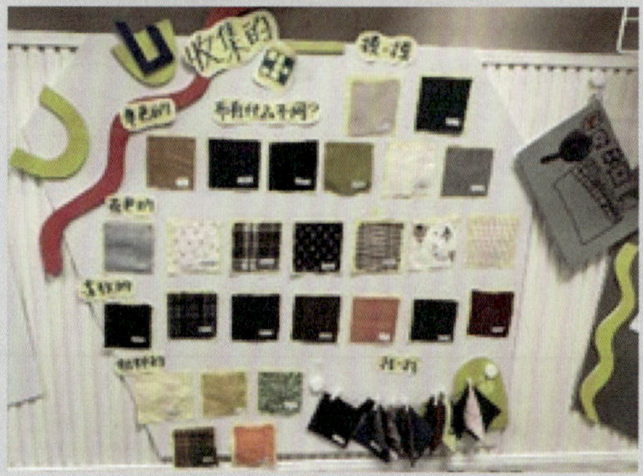

师幼共同将各方收集的不同布料汇总整理，形成可看、可摸、可比较的布料收集墙。

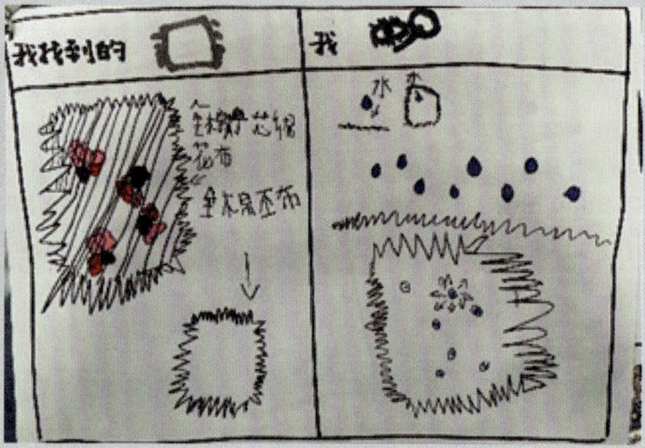

布料收集墙旁有一本记录手册，孩子们可以将自己的发现记录在上面，这成为同伴间共享的学习资源。

（3）提供支持，丰富作品

孩子们发现漂亮的布可以通过印、染、画、织等方式获得，于是在和同伴的探索过程中，运用手工染色（手绘、扎染、泼染等）、编织以及刻印等方式，把布变得更加漂亮。教师在这个过程中通过提供丰富的参考物料、美工材料等方式支持孩子的创作。

活动：奇妙的染

玩法建议：

玩法 1：选取不同纸张进行多层次折叠，用彩笔进行染色，创作出丰富晕染色彩的作品。

玩法 2：选取不同种类的布，尝试不同扎染方式，体验扎染的乐趣。

玩法 3：选取不同种类的布，设计不同印染图案，尝试不同印染方式，体验印染的乐趣。

玩法 4：根据作品的体积、材质，寻找适合的位置、设计适合的晾晒架，继续作品的晾晒。

支持要点：

1. 观察孩子能否看懂步骤图，并按照步骤进行制作染印。
2. 鼓励孩子大胆尝试运用不同的折法、染法。
3. 鼓励孩子尝试浸润各种颜色，从而产生绚丽多彩、富有层次感和节奏感的美丽图案。
4. 鼓励孩子运用教室中不同材料设计适用的晾晒架。

在教室的一角布置了一处染色操作区域，提供了不同材料、工具供幼儿探索。

孩子们自己摸索组装晾衣架，把布料晾晒在晾衣架上。

孩子们用各种颜料在纸巾上晕染。

教师在教室里提供了空白展板，孩子们可以将探索过程中遇到的问题记录并展示出来，供大家分享交流。

活动：编织工艺

玩法建议：

玩法 1：利用织布机和梭子进行织布。

玩法 2：利用自制纸板编织器，通过上下交叉缠绕的方式编织杯垫。

支持要点：

1. 观察孩子如何分辨经线和纬线、 梭子穿过时是否存在漏线。
2. 引导幼孩子通过上下交叉缠绕的方式进行编织。
3. 观察孩子在编织时如果出现跳针、漏针是如何处理的。
4. 引导孩子将解决方法通过表征的方式记录下来。

孩子初次接触多种编织工具，摸索玩法。

漂亮的毛线杯垫制作完成啦！

教师提供了不同材质的毛线、不同式样的编织工具以及供孩子参考图案和配色的绘本。

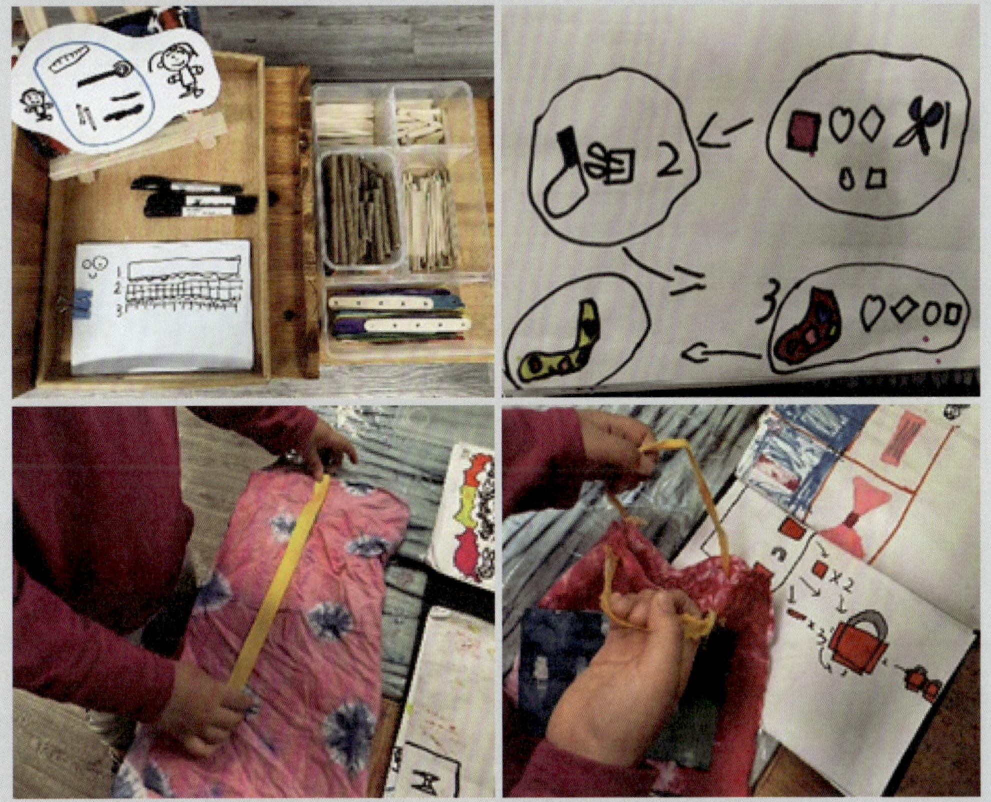

教师投放多种测量工具和绘画工具，孩子绘制布艺作品设计步骤图。

孩子们完成了各种布艺品。

涵涵在一张纸上设计了一款抱枕，并在分享环节做了介绍，引发了同伴的兴趣。第二天，其他孩子也参与了设计与制作。

KK 设计了一款单肩包，他说：“妈妈经常背这样的包，里面还有个小口袋可以放重要物品的。”随后拿到两块一样大小的布开始用固体胶“缝合”，但是涂过几次依旧没办法粘牢。老师提醒他可以试试其他材料。KK 在材料区看了看，选用双面胶来“缝合”布料。

“果然，双面胶能粘住布料。”KK 一边制作一边说。

随后，KK 在包包的外面又贴了一块小小的布作为外侧的口袋。剪贴肩带时，KK 强调：“这两根带子一定要一样长，否则长长短短的，背在身上会不舒服。老师，这个小包包我能带回家吗？我可以在上小学后用它装小本子。”

“当然可以。”老师回应道。

孩子能从妈妈常背的包着手，细致地表述出包的细节之处，表现出敏锐的观察力和想象力。

孩子“缝合”小包，制作出一件小包作品。

3. 后期展陈

（1）布置一场静态展——妙“布”可言

幼儿的布艺作品精彩多样，教师希望更多人看到孩子们的作品，于是重新打造幼儿园内的公共环境“月月展”区域，和幼儿一起布展，鼓励他们自己摆放和装饰，以提供建议的方式来优化布展效果，如提示幼儿考虑布展时墙面、地面的作品布置。

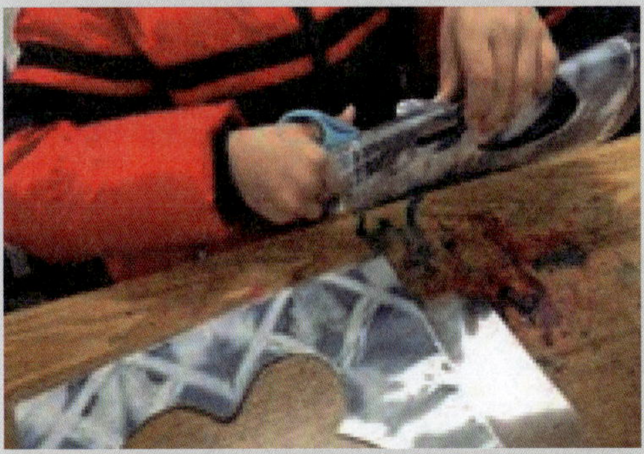

孩子对扎染好的布料进行拼、剪等加工。

“戴”上了孩子自制蝴蝶结的线条小人。

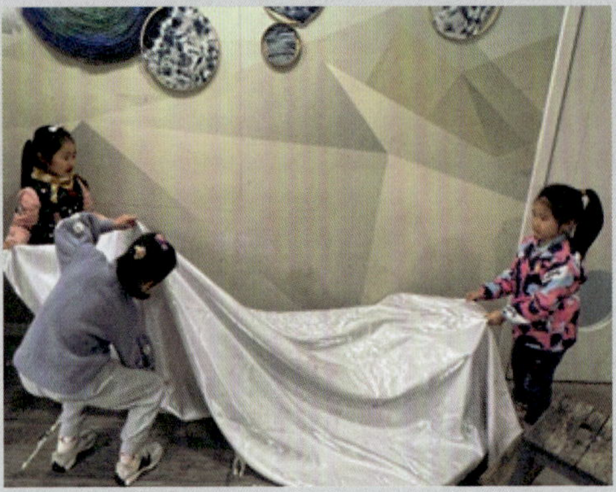

孩子们合作将在教室里制作完成的作品陆续搬至“月月展”公共区域。

“妙‘布’可言”展览完成啦！

“妙‘布’可言”展览整体效果。

(2)举办一台动态秀——童心趣染

越来越多的布艺品和服装被制作出来，每次看到好看的作品，孩子们都不禁感叹只有他们看到太可惜了。“童心趣染”时装秀由此应运而生。经过讨论，孩子们总结出一场时装秀需要摄影师、道具师、主持人、小模特等人员，教师帮助幼儿进行梳理，并明确各个角色的职责。这场时装秀要由幼儿策划、设计和表演。

教师将幼儿的讨论结果以思维导图的形式呈现出来。

孩子们共同在室外搭建出走秀舞台。

小模特们自行装扮，等待时机上场。

小模特们摆出各种动作，大方、自信地展示自己，也展示着自己与同伴创作的各类布艺品。

（3）观赏、记录与解说

教师提供平板电脑作为记录工具，担任摄影师的孩子对精彩瞬间进行实时捕捉。借助这些记录，未能参展观展的其他幼儿也有机会观看。展览中还设置了留言墙，参与展览策划与实施的幼儿可以留下对展览的感受，也提供了其他班级的教师与幼儿观展后进行评价的途径。

孩子利用平板电脑记录静态展和时装秀。

孩子手绘如何对展览进行评价的导览图。

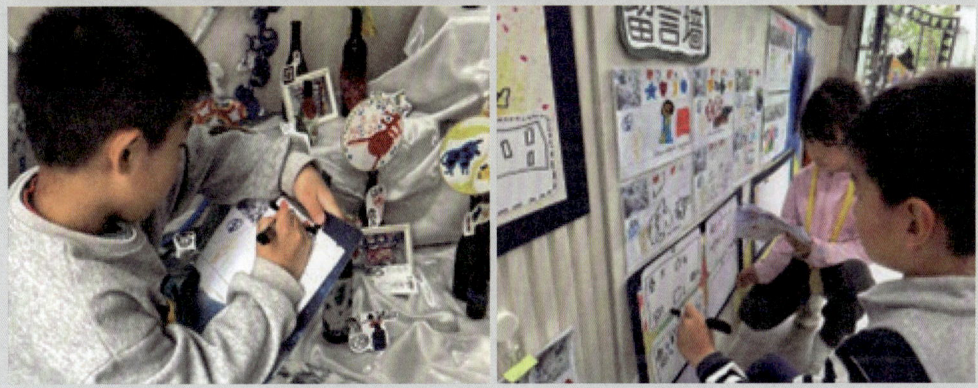

教师在设计区的一角提供了纸笔，孩子可以在探究的过程中及时总结记录自己的感悟，形成学习经验。

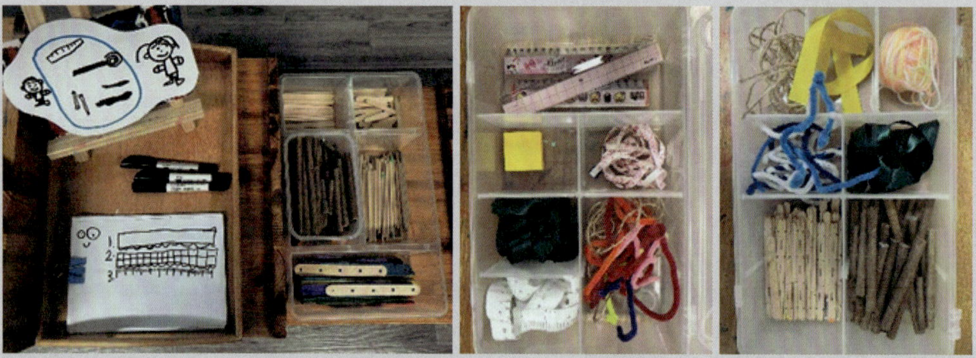

教师提供量尺、软尺、画粉等工具，引导幼儿探究如何使用这些工具进行测量，思考测量、裁剪、制作之间的关联。

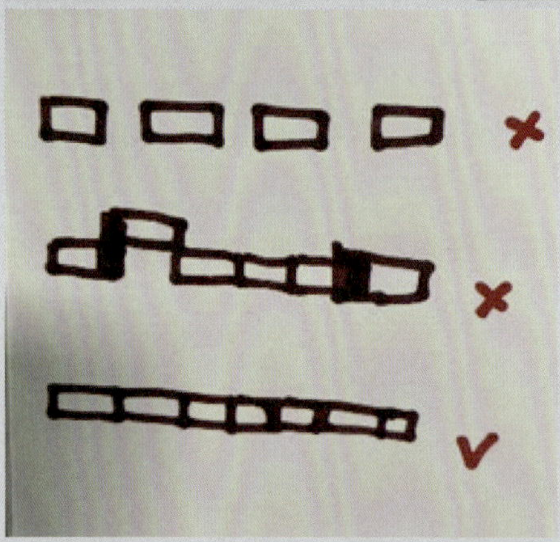

孩子测量时，总结出的经验，从左至右依次为：测量工具需要长短一致，测量工具要与测量物体尺寸匹配，测量时要注意首尾相接。

案例提供者：马怡菲

案例：玩转皮影（大班策展项目）

（一）策展项目的产生

“皮影是什么？”“皮影戏怎么演？”这两个问题在进行“我是中国人”主题学习时悄然出现，正巧马上要进行大型秋艺展，经过与幼儿的讨论，大家决定在秋艺展中演一出皮影戏。

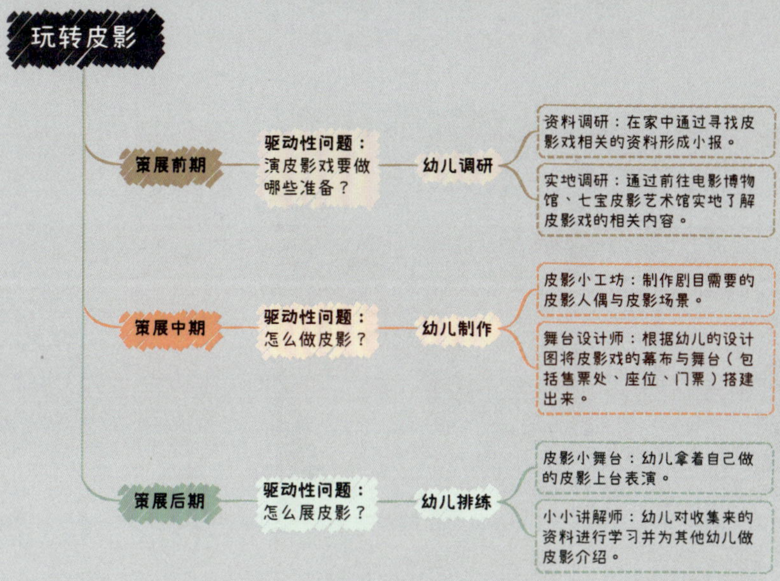

（二）策展项目的计划和准备

基于思维导图，教师着重从以下方面支持幼儿的学习与发展。

- 动作与技能：引导幼儿初步了解中国民间艺术皮影戏的表演形式，对皮影戏产生兴趣，喜爱皮影戏艺术。
- 认知与能力：支持幼儿积极地与同伴合作，在说一说、玩一玩、做一做的过程中积累知识经验，在共同制作、表演中体验合作的快乐，并从中获得成功的乐趣。
- 情感与态度：通过探索、调查、交流等活动，鼓励幼儿大胆地用较连贯的语言表达自己的经验和问题，产生进一步探讨的愿望。

（三）策展项目的实施

1. 前期策划：了解皮影戏

在一开始，幼儿就提出了几个问题：“从哪里去了解皮影戏的内容？”“展要怎么办呀？”为了更好地了解如何办好一出皮影戏的展览，教师和幼儿从多方面进行了探索，例如在资料区里投放与皮影有关的书籍以及皮影纪录片，还有部分幼儿和家长一起制作了皮影小报，带来幼儿园与同伴分享。

主要面向教师的参考书籍。

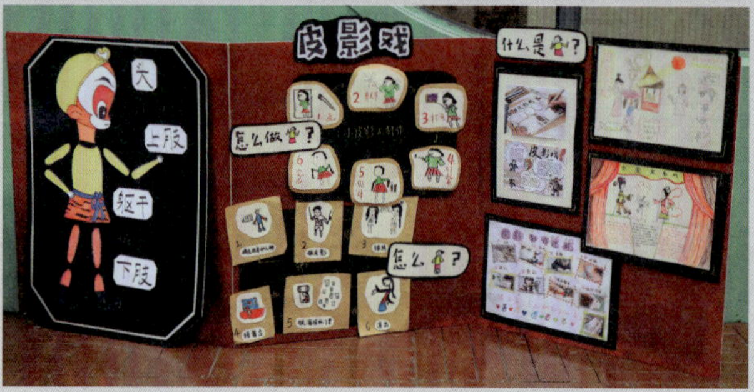

供幼儿随时取阅的绘本和幼儿制作的小报。

2. 中期准备：制作皮影及舞台

（1）家园合作，收集材料

教师利用家长会的契机向家长们做了有关于策展活动的宣传，家长们表示对这个活动很支持，期待幼儿在活动中能有丰富的收获。同时教师也将需要家长配合的内容做了详细介绍。

家长们记录下需要配合的内容。

家长们利用周末时间，带领幼儿前往七宝皮影艺术馆参观学习。

幼儿拍摄记录下所见到的内容，带来幼儿园与同伴一起分享。家长带领幼儿参观电影博物馆参观，了解电影剧本、人物选角、配音等内容。

家长为幼儿采购有皮影戏的实物道具，带来幼儿园供幼儿集体观察学习。

（2）提供支持，丰富作品

孩子们带来的皮影道具和资料很多与《西游记》相关，因此在决定具体的皮影戏演出剧目时，不约而同地选择了《西游记》的故事。但是，传统的《西游记》故事对于初次尝试皮影戏的幼儿来说过于复杂，因此教师寻找了一篇《西游记》童谣供幼儿参考，这首童谣简单易学，幼儿一听就学会了，大家开开心心地根据这首童谣去进行道具和场景创作。

幼儿依据模板进行描画、涂色、裁剪，制成皮影道具。

幼儿用平板电脑观看皮影戏视频，了解皮影戏演出方式。并将这些内容记录在自己的讲解稿上，再请同伴帮自己录制下自己讲解的视频。

幼儿选择皮影道具，根据事先确定的剧本排练。再分工进行演出，并商量如何加入配音、音乐等效果。

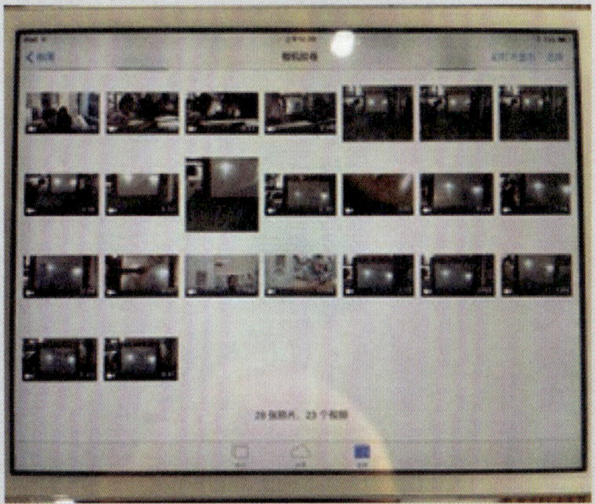

幼儿用自己制作的皮影道具排练表演，每次都使用平板电脑将表演现场录制下来，用于后续观看与讨论。

在设计草图的基础上，幼儿合作制作舞台场景。

皮影小剧场和售票处由幼儿自主设计与制作。

幼儿经过讨论觉得光有人物道具不够，还需要增加场景装饰。沈心月和常泽匀想一起制作一条小河，沈心月先画出小河的轮廓，常泽匀画小河的水流，沈心月又在水流上增加了几块小石头。他们把画好的小河放在皮影剧场的幕布前比划着，沈心月把纸按在幕布上，常泽匀走到幕布正面看了看说："看到了。"他们一起去找蓝丁胶，把小河粘在幕布上。这时，沈心月发现小河有点短，需要再长一点。常泽匀想出了好办法："我们原来的纸还剩一半，用剩下的一半画吧！"沈心月欣然接受常泽匀的建议，两人又开始合作画小河。在这个过程中，两个人不断地尝试，不断地修改，不断地讨论并解决问题。

幼儿合作搭建皮影舞台。

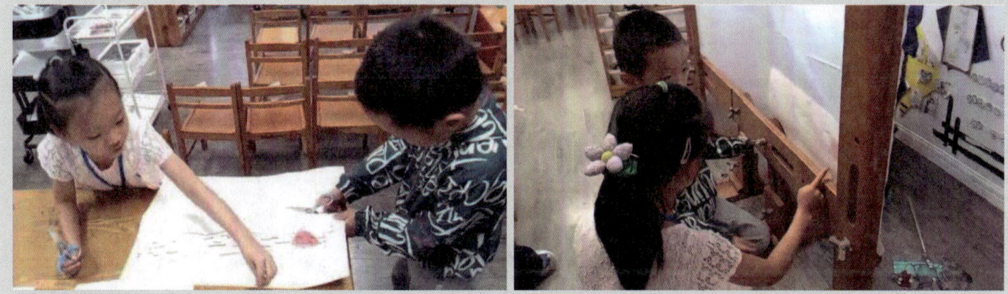

幼儿讨论如何在皮影舞台上增加场景道具。

3. 后期展陈

(1) 举办皮影戏演出

幼儿在做好皮影后迫不及待地拿着他们的作品，根据儿歌的内容进行一次又一次的排练。在第一次排练时，有幼儿发现一个问题："人物在皮影幕布上没有显现出来。""我们要将人物与幕布贴得紧一点。"第二次排练时，有幼儿发现："舞台后面好挤呀，演员们都站不下，我都来不及演皮影戏啦。""我们应该根据人物出场的顺序排好队，这样就能跟上儿歌的节奏了。"在一次次的排练中，皮影戏演出的质量不断提高。

幼儿在秋艺展上进行皮影戏表演。

(2)记录与解说

在整个活动过程中，幼儿可以自由地使用平板电脑来拍摄，老师会引导幼儿观看视频、复盘总结。皮影戏演出的小演员、舞台搭建师、讲解员都在视频中留下了主动学习的痕迹。

皮影戏是什么？皮影戏如何表演？秋艺展上有讲解员为其他幼儿和教师进行介绍。

案例提供者：袁纹

案例：不可思议的纹样（大班策展项目）

（一）策展项目的产生

随着“我是中国人”主题开展，孩子们对中国传统文化产生了浓厚的兴趣。在个别化活动的分享交流环节，槟槟说：“老师，我发现青花瓷的盘子和笔筒上因为有了菊花的花纹，变得格外好看，你看我今天也模仿画了这样的花纹。”“我妈妈的丝巾也有这样的纹样，特别漂亮。”“我的衣服上这个图案上面，也有一些纹样，像大海上的波浪。”“我知道哪里还有！《老鼠嫁女》的书上，你看这个花轿上面也有很多纹样。”孩子们叽叽喳喳地交流起了在生活中看到的各种纹样。于是，当讨论秋艺展上班级的展览内容时，孩子们很快达成了共识，让更多的人知道有这些美丽的纹样，“不可思议的纹样”展便正式筹备起来。

在日常活动中，孩子们就发现的纹样展开交流。

（二）策展项目的计划和准备

经过共同讨论与研究，最终确定了若干可以深入开展的内容以及最终展览的形式。

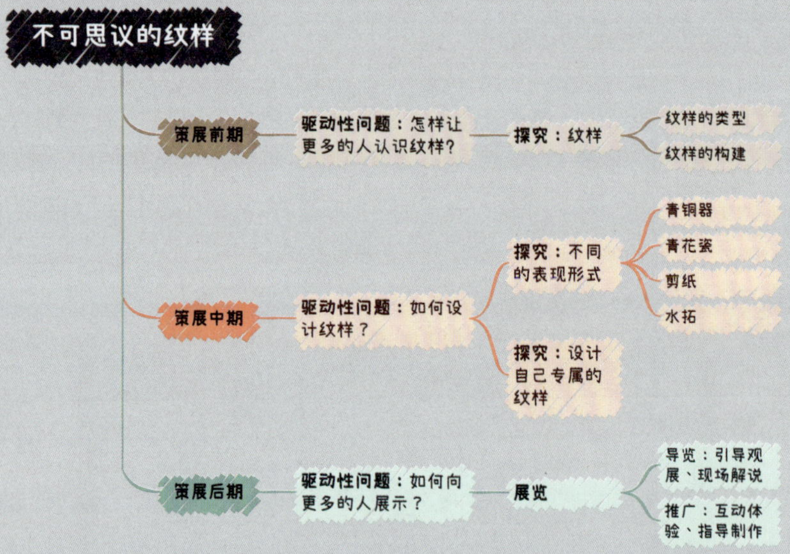

基于思维导图，教师着重从以下方面支持幼儿的学习与发展：

- 动作与技能：引导幼儿运用剪纸、手绘、粘贴、刻印、黏土以及水拓等方式，设计自己喜欢的纹样，并用这些纹样制品布置展览。
- 认知与能力：丰富幼儿对于纹样的了解，鼓励幼儿以喜欢的方式进行艺术创作，赋予纹样个性化的意义。
- 情感与态度：提升幼儿运用自己制作的美术作品布置环境和美化生活的能力，能够感知美、创造美、理解美。

（三）策展项目的实施

1. 前期策划：了解纹样

（1）收集、积累纹样素材

确定展览主题后，孩子们明确了信息收集的方向，通过图书阅读、网络搜索、博物馆参观、小报制作等多种途径收集资源、共享信息，加深对纹样的了解。在资料查阅区投放相关的书籍，包括《中国纹样之美》《传统纹样》《中国古代青铜器纹饰图典》等工具书供教师以及已有大量阅读经验的孩子参考；还有各类绘本，如《阿诗有块大花布》《小青花》《博物馆里的奇妙中国：青铜器》《老鼠嫁女》等，供幼儿随时取阅以拓宽视野。教师组织孩子们去参观幼儿园附近的林曦明现代剪纸艺术馆，也推荐孩子和家长探寻其他场所，如上海博物馆、淳之当代瓷器博物馆以及相关的工作坊，鼓励孩子通过多途径探索纹样在生活中的运用。

孩子们参观剪纸艺术馆，认真聆听导览员的介绍。

家长利用周末时间带孩子参观博物馆，收集相关信息。

孩子们和家长收集了青铜器小模型、瓦当、青花瓷、方巾、剪纸等器物，将其陈列在教室里，孩子们可以欣赏、观察、交流并描摹上面的纹样。

老师和孩子们将参观剪纸艺术馆的收获用照片和图画表征的方式记录下来，并集中展示。

亲子共同制作纹样小报，幼儿向同伴介绍。

（2）确定驱动性问题

孩子们发现纹样在生活中是随处可见的，自己喜欢的裙子、妈妈插满鲜花的花瓶、餐桌上盛着美味佳肴的盘子、大街小巷人们拎着到处走的购物袋上面都有纹样，它们装点着我们的生活。那这些纹样到底是如何产生的呢？图案和纹样的差别在哪里？纹样就单纯地起到装饰作用吗？随着探索的逐步深入，孩子们愈发感受到纹样里藏有许多秘密。

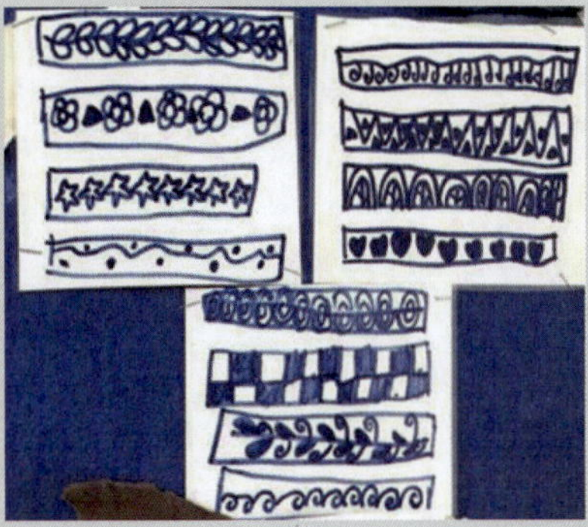

教师提供了一块空白展板，供幼儿记录和展示对展览内容的讨论。

孩子们将日常发现的各种纹样记录下来。

2. 中期准备：创作自己的专属纹样

在设计自己专属的纹样过程中，幼儿在老师的指导下，尝试把自己的经历和心情用图画记录下来，再将其简化或者从中提取出基本的纹样元素，再通过变形、组合或者对称、重复等方式转化为个人的专属纹样。

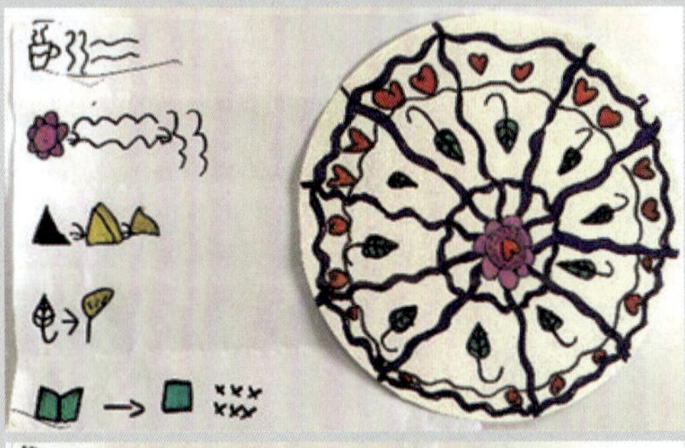

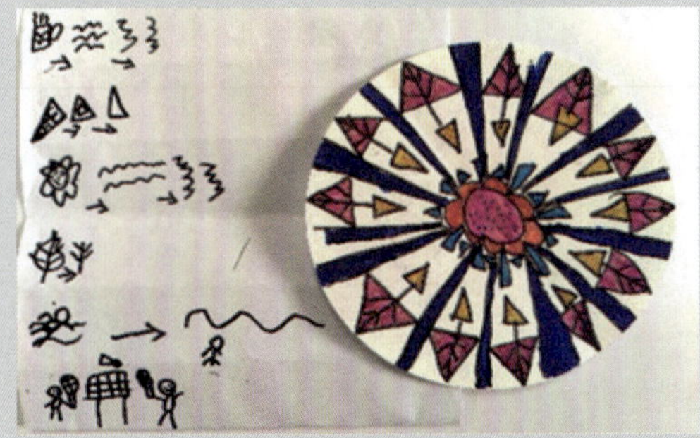

孩子设计出不同的个人专属纹样。

活动：美丽的青铜器

玩法建议：

玩法一：用黏土在纸上做出青铜器的外形，用塑料刀等工具在黏土上刻出设计的纹样并刷上青铜色颜料。

玩法二：在鼎身纸板和四足纸板上刷颜色，待干透后，在纸板上用黏土揉搓出纹样造型，最后进行拼接组合。

玩法三：在吹塑纸底板上用尖木棍画出青铜器的形状和纹样，在刻好的吹塑纸底板上刷颜料，将吹塑纸板上的图案拓印在作品底板上，最后进行装饰。

幼儿在查阅资料、观赏学习的基础上讨论制作步骤，将其记录下来。

幼儿以表征的方式展现自己对青铜器纹样的了解。

幼儿使用轻黏土，揉搓、雕刻出青铜器。

幼儿在吹塑板上用木棍尖刻出青铜器的形状及其表面的纹样。

幼儿在立体的纸鼎上用黏土制作纹样。

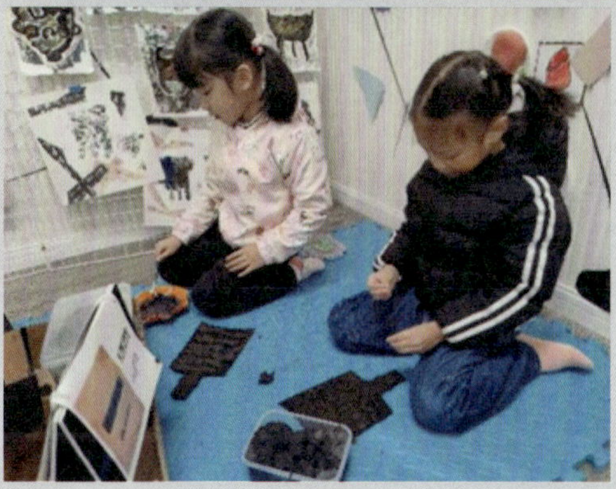

幼儿在编钟造型的薄板上制作纹样。

阳阳想尝试用刻印吹塑板的方式来制作青铜器纹样。他用小木棒当笔在吹塑纸上先画出一个青铜大鼎的外形。然后翻阅放在桌上的青铜器纹样图集，选中喜欢的凤鸟纹，模仿着将凤鸟纹刻印在鼎身上，再在鼎的四周刻上云雷纹。他在刻好的吹塑板上刷黑色颜料，把一张白色卡纸覆盖到上面，再用滚筒使劲地按压。等到把白纸轻轻揭开，上面大部分的地方都变得黑黑的，看不清楚刻印出来的纹样。这是怎么回事呢？小雨在旁边看到了，就问他："刚刚你印的时候，白纸有没有滑动？如果滑动的话就会这样的。"于是，阳阳又在吹塑纸上重新刷了一遍颜料，将白色卡纸覆盖到上面。这回他用滚筒滚印的时候特别地小心，还让小雨帮忙按压住边角。等到把白纸揭开一看，这次出来的效果好了很多，鼎四周的云雷纹比较清晰，但是中间的凤鸟纹还是黑乎乎的。为什么这块印不出来呢？阳阳询问老师。老师将他的吹塑板拿过来看后，回答他。"这张吹塑纸上的凤鸟纹和云雷纹刷的颜料一样多吗？”“我想把这个凤鸟纹印得清楚一些，就特意多刷了点颜料。”“那你想想，为什么云雷纹印出来了，而凤鸟纹反而黑乎乎的？”阳阳想了一下，似乎明白是颜料刷多了，又拿出一张白纸去尝试。

在制作青铜器作品前，幼儿先设计纹样或者查阅资料。

在操作过程中，幼儿相互分享经验。

活动：趣味剪纸

玩法建议：

玩法一：尝试通过构图、折、画、剪、打开等步骤剪纸，感受不同的剪法所呈现出的图案规律，说说自己剪了哪些图案。

玩法二：运用不同方式的剪纸，如对称的剪法、不对称的剪法；运用不同颜色的剪纸，如单色的剪纸、彩色的剪纸；体现不同形象的剪纸，如人物与动物的形象、生活场景等。

教室里的剪纸区域配置了资料、材料、步骤参考以及供幼儿观赏学习的平板电脑，幼儿可以自由选择进入此区域，自主探索创作。

幼儿完成的剪纸的作品有不同的展现方式，如粘贴在纯色底纸上，或装饰在纸袋上、扇面上。

孩子们通过步骤图、平板电脑等多种途径学习。

材料筐内提供了各色手工纸，也有幼儿在其他区域制作的纹样纸，如水拓画纸，便于不同水平和兴趣的幼儿自由选择。

活动：神奇的水拓

玩法建议：

玩法一：将颜料按照自己的设想依次滴入装有水拓溶液的画盘中，感受颜料在画盘中形成的图案和颜色效果变化，印证最后的图案与最初的设想是否相同或相近。

玩法二：用画梳或画针在滴入颜料的水拓溶液表面轻轻拨画，达到自己想要的效果。

玩法三：与同伴合作，将不同材质的软布、纸覆盖住画盘，待整个材料都被颜料浸染后拿出，固色后进行晾晒。

幼儿在水拓实验区体验颜料与水交融的美感，感受变化的规律。

在操作过程中幼儿会遇到困难，也会尝试用不同方法来解决，教师鼓励幼儿将这些过程记录下来，与其他同伴交流。

3. 后期展陈：开放互动式展览“不可思议的纹样”

全园的秋艺展即将正式拉开序幕。幼儿希望自己的“纹样”展能够吸引其他的班级幼儿，让他了解并且喜欢上纹样。经过孩子们的讨论，“纹样”展分为两个区域——陈列展览区和互动体验区。

由幼儿将收集的纹样资料、实物和自己创作的作品布置在展览区里。

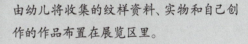

展览区内设置讲解员，为观展的幼儿介绍。

观展的幼儿可以在体验区尝试剪纸、制作青铜器、制作水拓画、制作青花瓷。现场工作人员有的负责招揽引流，有的负责指导制作，有的负责整理补充材料。

案例提供者：王娟

第四章

为什么展？支持幼儿自主策展的价值与意义

通过一系列不同频率和周期的策展活动，将幼儿园打造成一座由幼儿参与建设的美术馆，这样的学习环境能很好地激发幼儿的学习兴趣与创造力，进一步支持他们的自主表达。

美术馆不仅是一个展示艺术作品的场所，更是一个文化传承、教育研究和社会交流的重要平台。它的意义和价值在于提供精神文化滋养，促进社会文化的可持续发展。

一、打造“幼儿园是座美术馆”的学习环境

外在环境对幼儿创造力和学习兴趣有着非常重要的影响。有研究表明，儿童在 4 到 7 岁期间的想象力主要在特定的环境中表现出来，并受到环境的极大影响。因此，设计一个适合儿童的环境对于促进他们的学习兴趣和创造力至关重要。

通过一系列不同频率和周期的策展活动，将幼儿园打造成一座由幼儿参与建设的美术馆，这样的学习环境能很好地激发幼儿的学习兴趣与创造力，进一步支持他们的自主表达。美术馆不仅是一个展示艺术作品的场所，更是一个文化传承、教育研究和社会交流的重要平台。它的意义和价值在于提供精神文化滋养，促进社会文化的可持续发展。因此，龙山幼儿园致力于打造出像美术馆一样的空间，作为创设高质量物质环境的手段。

通过文献研究和实践探索，我们围绕三要素构建了支持幼儿自主表现的艺术环境，它们分别是自主创作表达的学习空间、支持阅读叙事的艺术空间以及充分互动体验的展示空间，力求让艺术教育伴随幼儿在幼儿园的每时每刻。

（一）自主创作表达的学习空间

1. 转变：从“看”的空间到“体验”空间

幼儿园虽然无法为幼儿提供像社会上的博物馆、美术馆中那样的多媒体设备，也无法为幼儿提供大量的、真实的、价格不菲的名家真迹，但是能够为幼儿提供更多富有趣味的“体验”空间，让幼儿对艺术的感受不再停留在“看”，而是能“玩”。

综前所述，根据每个月学习主题并结合各班幼儿的兴趣点进行通盘考虑，我们在幼儿园打造了八大体验空间，让幼儿能够沉浸式体验与互动，分别是：

- 公共空间——门厅月月展、走廊。
- 专用空间——美工室、户外美术区。
- 教室空间——创意门、主题墙、微景观、美工区。

例如，全园策展项目“秋天”中，我们梳理出秋色、秋果、秋食、秋分、秋艺等子主题，将分布于八大体验空间里，由教师和幼儿一起策划、制作和布置。

表 6　策展项目“秋天”内容梳理清单

空间环境	具体场所	子主题	内容与形式
公共区域	门厅	拾艺览秋	每一位幼儿都是艺术家。幼儿运用多种美术材料（泥、颜料、纸、自然物等），通过多种表现方式（涂鸦、撕贴、泥塑、线描、装置）制作秋天的作品，和老师一起完成布展、观展、互动。
	走廊	笔下的秋天	用幼儿及画家的作品装饰，充分展现秋天的颜色、秋天特有的动植物等，从各个角度展现秋天的美。
	楼梯	秋日宝盒	孩子们将秋天的颜色（树叶、花朵、果实等）装进自己的宝盒，在公共区域进行陈列。

（续表）

空间环境	具体场所	子主题	内容与形式
	户外美工区	秋日五重奏	走出教室，走入户外，在大自然中用秋艺集市的方式和孩子们一起感受秋天的自然景象，探索自然物的奥秘，制作秋艺作品。
	美工室	森林之歌	围绕“秋日森林”和老师一起运用多种材料和表现手法进行策展，从讨论到制作，再由老师进行展览布置，以及最后的“玩展”参观方式，孩子们体验了一场幼儿园独有的沉浸式体验。
班级区域	主题墙	苹果和橘子 秋天来了 春夏秋冬 有用的植物	结合主题以及幼儿的生活经验开启一场与秋天的约会，感知秋天的色彩、秋天的落叶、秋天的果实、秋天的味道等秋日特征。
	自然角	秋之果园 秋之花园 秋之菜园 秋之虫鸣	将秋天的果实、植物、种植、昆虫等在自然角进行陈列，通过观察、种植、饲养等了解秋天的多样性、季节特征。
	美工区	秋叶展 秋色展 秋味展	围绕主题核心经验，投放多种美术材料，以策展为表现形式，以小组个别化的学习活动方式，与材料互动，与环境空间互动。

这样的策展项目打破了室内室外的空间概念，充分利用大厅、走廊、墙面、教室、桌面等角角落落进行展示与互动，既有整体视觉冲击力，也能最大限度激发幼儿的参与，幼儿在每个区域都能拥有深度的欣赏体验、操作体验与游戏体验。

2. 打破：从“单独”到“整体”的空间边界

幼儿的艺术创作不再局限于美工区与美工室，幼儿的作品展示也不再拘囿于班级教室范围内。我们打破了原来单独的特色活动室的边界，让幼儿在随时随地充斥着艺术审美元素的整个幼儿园空间里尽情创作与表达。这消除了园所空间有限、无法充分表现的不足。

（二）支持阅读叙事的艺术空间

1. 以核心艺术元素打造艺术叙事空间

美术馆并不仅是展示艺术作品的静态场所，观众不仅从中获得对于艺术色彩、形状、构图等艺术元素的感知，更注重通过参与式、互动式和建构式等方式来实现艺术审美目标，使观众在获得审美体验的同时，激发出创造力和想象力，培养多角度思考问题的能力。

在龙山幼儿园，我们从经典的艺术作品中提取核心艺术元素，例如用中国色和中国画来布置各层楼梯，来讲述传统文化艺术，幼儿每天在上下楼梯的过程中浸润式感受到中国传统颜色的独特美感，生发对于中国传统文化的好奇与对色彩的敏感。这些环境都潜移默化地影响幼儿的审美取向。

(2) 以学习主题经验打造艺术叙事空间

在美术馆里，通常会精心设计故事线，将艺术作品串联起来形成一个连贯的主题或情境，这不仅能增加展览的吸引力，还能帮助观众更好地理解和记忆展品。在龙山幼儿园，我们也借鉴采用这种叙事方式，精心设计各策展项目的故事线。例如，我们结合基础性课程主题以及园本特色课程主题，按照自然之美、生活之美、艺术之美、人文之美四大主题开展策展实践。幼儿的主题学习经验与其艺术创作、策展布置、观展欣赏融为一体，既是对主题学习经验的巩固与深化，也为策展和观展铺垫了兴趣与知识基础。

（三）充分互动体验的展示空间

全园的整体空间有着明晰的体验动线，每个进入幼儿园的幼儿、教师、家长及其他参观者都能获得沉浸式的艺术体验。通过“一扇门、一面墙、一条廊、一个角、一个区”构建“角角落落皆有美”的艺术展示空间。

例如，在龙山幼儿园，从进入大门开始就是艺术长廊和融作品展呈与艺术教育于一体的专门美工室，再与各班级教室和户外艺术空间连通，形成一条联通的参观路线，让参观者在空间的角角落落都能看到美术作品、艺术装置的展呈，并有机会与之互动。同时，这条路线随着楼梯向上，走廊和每一间教室的大门连贯地呈现出精心布置的艺术大师系列作品，包括幼儿以从中提取的艺术元素进行再创作的作品，让艺术感在空间的每一处都得到彰显。

关于如何与环境中的艺术元素互动，我们确定了若干原则。

体验式原则：以幼儿的体验为核心，关注他们的主观感受和情感反应。通过创造积极、开放、自由的评展环境，使评价过程具有启发性和愉悦性。

交互性原则：强调幼儿与同伴、与作品、与展览、与教师之间的交流和互动。通过及时的反馈和对话，促进幼儿的深层次思考，增进彼此的理解，共同探索和建构知识。

游戏化原则：尊重幼儿的学习特点，引入游戏化元素，使评价过程更具趣味性。在游戏情境之中，激发幼儿的主动参与，增强评价的吸引力和效果。

表 7 适合不同年龄段的互动方式

互动方式	适宜年龄	具体内容
投票式	小班	通过亮灯、贴纸等互动方式，幼儿能够更加直观地了解自己的能力和努力的成果。他们可以通过投票式评价，来表达自己的选择和喜好。对小班的幼儿来说，这种方式可以帮助他们更好地理解集体意见，并鼓励他们参与集体决策。
打卡式	小班	通过拍照记录再现孩子在学习和活动中的表现。让同伴、老师更加接近孩子的学习过程，促进与孩子的沟通和互动。

（续表）

互动方式	适宜年龄	具体内容
记录式	中、大班	通过符号表征或自由绘画，可以更全面地记录幼儿的发展轨迹。中、大班的幼儿可以通过回顾自己的作品和记录，了解自己在各个方面的进步和成长。
问题式	中、大班	通过留言反馈或互动解答，幼儿可以学会倾听他人的意见和建议，培养自我反思和解决问题的能力。这种互动方式适合中、大班的幼儿，帮助他们更深入地思考和理解学习内容。
融入式	中、大班	幼儿通过实际操作和创作来展示自己的能力和想法，这种方式可以激发他们的创造力和表达欲望，在互动中形成新的作品，并融入展览之中。这可以让幼儿的成果得到更多的展示和认可从旁观者转变为展览的创作者。

二、促进幼儿在策展中发展

（一）策展活动丰富幼儿的生命体验

据统计，在龙山幼儿园，每个孩子从入学到毕业将经历44个主题策展，涉及不同级别的班内展、园内展、街道社区展以及更高平台的大型策展。

丰富的策展经历对幼儿成长具有重要作用，不仅能够增强他们的认知发展、社会交往能力和自我表达能力，还能够帮助他们树立正确的价值观，提升创造性思维和审美水平。

除了丰富的策展体验，我们还为每个幼儿准备了三个记录本，激励幼儿进行自主表达，通过涂鸦、绘图的方式记录成长中的乐趣。

记录本名称	主要内容	表达方式	举例
哇时刻	由教师、幼儿共同记录的一日生活中精彩时刻，涵盖运动、游戏、生活、学习的方方面面	绘画表征、艺术作品（美术、雕塑、手工）、幼儿摄影作品、教师拍摄的幼儿在园照片	 
写生本	幼儿基于自然观察后的写生作品，是他们创作更复杂作品的素材库	幼儿美术作品	 

（续表）

记录本名称	主要内容	表达方式	举例
作品集	由家长、教师、幼儿共同记录幼儿在园、在家精彩时刻，并包含幼儿三年幼儿园生活重要作品	在家及幼儿园精彩照片、幼儿绘画表征、幼儿艺术作品（美术、雕塑、手工）	 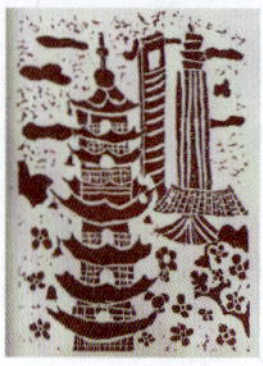

幼儿在幼儿园的三年里，每一次实施的策展主题是不同的，在策展项目中承担的角色也是多样的（创作者、讲解员、环境布置者、后勤支持者、表演者等），这么多策展项目经历会给个人的成长带来不同影响。虽然无法精确定量幼儿在哪些方面有哪些程度的改变，但是我们坚信丰富的策展经历让他们三年的童年时光变得美好且有意义，丰富且有趣，丰盈了他们的内在世界，让他们觉得“美无处不在，表达无时不在”。

（二）策展经历促进幼儿的全面发展

感性地看，三年的策展经历是一段独特的生命体验，通过参与策展活动，幼儿能够在创作过程中展现自身的情感，追求真善美，从而帮助他们养成有益于身心健康的行为习惯；三年的策展经历还是一段独特的学习之旅，运用策展的方式让幼儿主动学习、主动探究、主动表达，这种方式让幼儿在享受游戏的同时，学习到新的知识和技能，探索自己的学习方式。

理性地看，通过课题研究，我们对比发现幼儿的显性成长。具体表现在幼儿的感受力与欣赏力大大增强了：60% 以上的幼儿能够做到主动观察，对环境和材料充满兴趣；15% 幼儿能够做到随时随地、无限制地自主选用各种创作材料。而在开展策展活动之前，仅有三分之一幼儿表现出主动观察，他们对环境和材料的敏感度并不高。另外，越来越多的幼儿能够进行自由想象和自发表达，喜欢通过表情、动作、语言、书面等不同方式表达自己的所见所感和所想。在表现与创造方面，有 72% 的幼儿对艺术表现充满兴趣，其中 80% 的幼儿已具备初步的艺术表现与创造能力，也能够自主开展不同类型的创作活动。一个非常直观的表现是，原来一个学期的写生本仅有几页，在开展策展活动后，幼儿一学期的写生素材平均达到 20 页，作品本内容日趋丰富，质量明显提高。统计发现，龙山幼儿园的幼儿近几年的获奖人数显著增多，获奖成绩大幅度提升，获奖领域全面开花。

不仅如此，龙山幼儿园的幼儿在包括健康与动作发展、认知与语言发展、品德与社会发展、习惯与自助能力等方面均有提升，这些维度涵盖了幼儿在不同领域的成长和进步，能够全面反映其综合素质。

三、获得来自家长的认可

三年里，我们也收集了家长对幼儿园开展策展活动的反馈。家长们对带幼儿观展及在幼儿园内进行策展普遍持肯定态度，希望龙山幼儿园继续开展此类活动，并希望园所发布相关园外学习信息，丰富园外亲子活动生活。

来自家长的认可具体反映在问卷调查结果中。

首先，家长认可策展活动的开展。例如，针对单选题“您对我园开展的线上美术展的活动 / 月月展是否满意？”，287 位家长给予“非常满意”的评价。有 2 位家长表示“不太满意”，经回访发现，他们更多是从活动内容的深度以及支持幼儿个性化需求方面对幼儿园提出了更高要求，但对于幼儿园组织策展活动这一形式依然给予高度认可。（见图 1）

其次，家长认同以策展方式促进幼儿发展，且与幼儿园的教育价值取向保持一致。例如，针对多选题“我园即将在园内开展一系列支持孩子办展的活动，您最为看重孩子哪些能力的提高？”，家长不再一味追求技能技巧，开

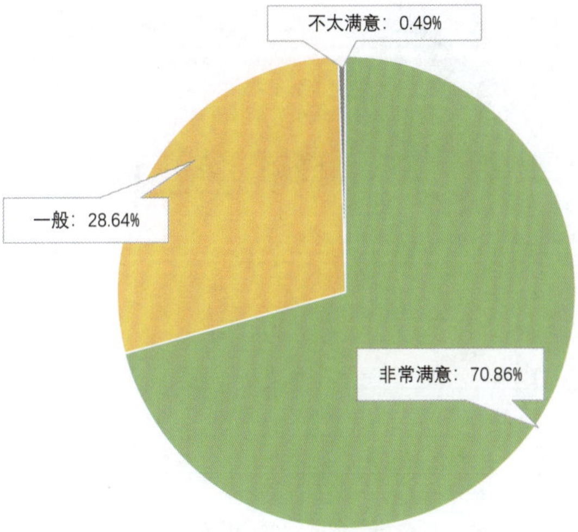

图 1　家长对幼儿园策展活动满意度调查结果

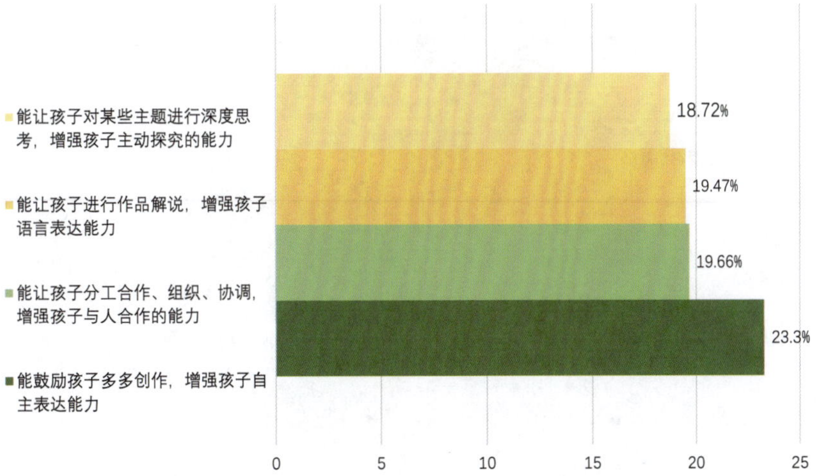

图 2　家长对幼儿园策展价值的认可内容

始以更多元、更广阔的视角来看待孩子的学习与发展。(见图 2)

针对多选题“您最看重孩子在观展中有哪些方面的收获?”,家长的反馈集中在“培养兴趣”上。(见图 3)

家长对幼儿观展、策展持正面、积极的态度,这也为龙山幼儿园进一步开展实践提供了良好的前提和十足的信心。

最后,从家长需求来看,针对单选题“在未来,您最希望我园给予哪项支持?”,405 位家长中有 44.44% 希望幼儿园能“定期发布好的展览活动”。(见图 4)

幼儿园成为促进家长和幼儿走进展览的推力,扮演起“优质场馆资源搬运工”的角色,这些来自家长的反馈都帮助我们明晰了接下来的努力方向。

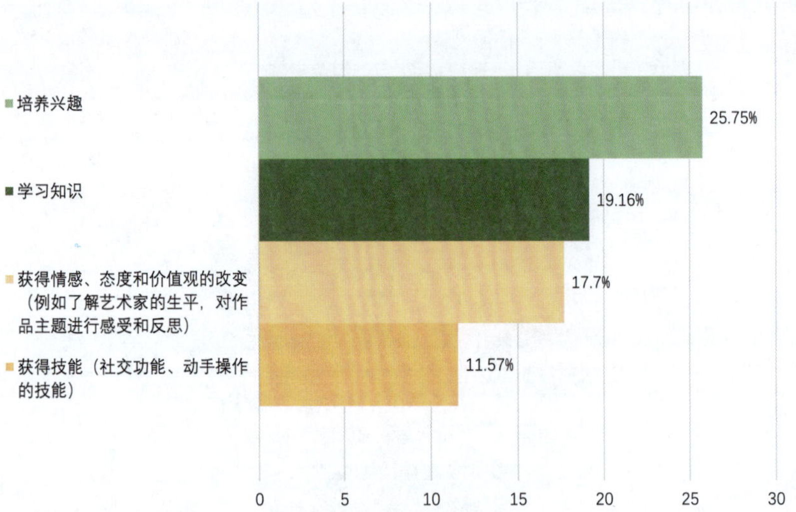

图 3　家长对幼儿园观展价值的认可内容

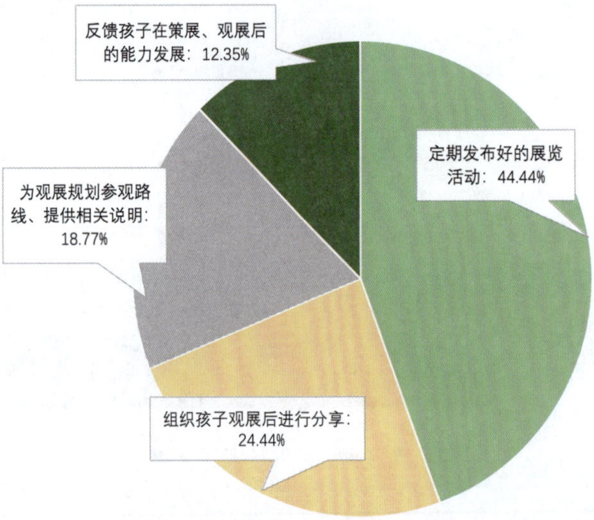

图 4　家长带幼儿观展时最希望园方提供的支持

四、促使教师的理念与行为发生改变

策展活动是一场发生在教师与幼儿之间有关教与学方式的变革，关注的是幼儿的发展，探寻的是幼儿成长的故事。在策展活动中，幼儿不断经历觉知、探索、查证、运用、往返、推进的学习过程，通过感受、操作、拓展种下思考的种子，提升经验的问题意识和任务意识。

这个指向幼儿主动学习的过程，不断优化着原有的活动方案，让教师重新审视活动价值，将活动主体由教师向幼儿转移，更体现幼儿的参与性、体验性与互动性。我们将继续利用幼儿园周边的自然资源、社会资源，将其融入园本课程，以生活为原点、以幼儿为主体、以行动为中心、以项目为载体，调动一切可以调动的积极因素去促进幼儿主动学习。

（一）更新教师的教育理念

通过研究，我们发现龙山幼儿园教师的教育理念和教育行为发生了很大的改变，教师更加相信幼儿是有能力的学习者，将更多自主权交给幼儿，并一致认为充分的时间和空间以及材料是幼儿自主表达的必要条件。

在龙山幼儿园，每个幼儿每天至少有 1 小时可以自主选择和使用美术材料（见图 5），每周至少有一次与教师针对作品进行一对一交流互动的机会，每个班级的教室里提供 2—3 个空间用来呈现幼儿的作品。

教师从关注“每一个”开始，做到“一个都不能少”，转向“理解、允许和接纳幼儿表达自己的兴趣与需要”，更加坚定了“孩子是有能力的学习者”的儿童观。

教师对策展活动也高度认可。调查结果显示，教师非常了解“策展”并深刻认同其内涵。

（二）改变教师的教育行为

随着教育实践和课题研究的推进，教师的教育行为也发生了巨大的变化：从传统的灌输式教学转向更加注重以儿童为中心的，强调幼儿自主学习和探索的教学方式。教师不再是知

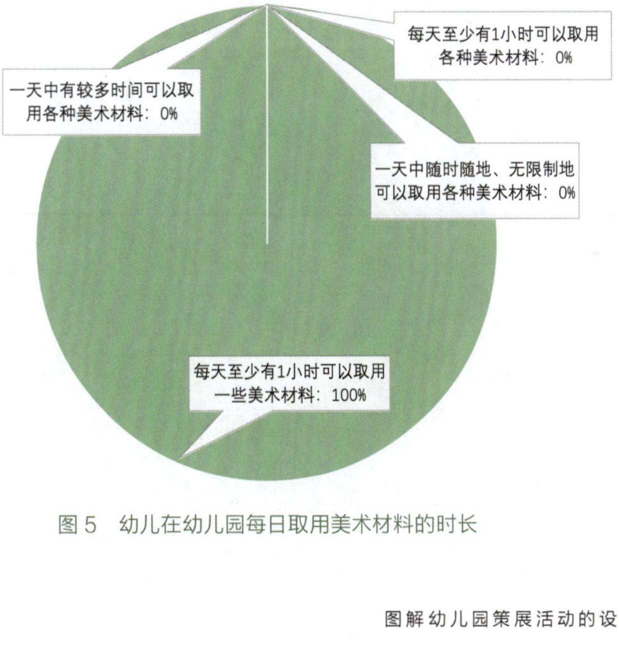

图 5　幼儿在幼儿园每日取用美术材料的时长

识的唯一来源，而是成为学习过程的引导者和支持者。例如，教师通过小组合作、项目化学习等方式促进幼儿的互动和探索精神，使学习变得更加有趣和有吸引力。

教师的角色从传统的知识传递者转变为学习引导者和促进者、支持和共同研究者。教师具备适应性和灵活性，及时根据幼儿兴趣、爱好和个性化需求调整教学策略。

1. 追随孩子脚步，倾听并读懂他们

龙山幼儿园的教师开始重新审视自己作为教师在课程中的角色，更愿意倾听孩子们的话语，在追随孩子脚步的同时也不忘教师的价值判断，以便读懂他们并支持他们。“孩子能做到这件事情吗？这件事情发展了孩子的哪些能力？”“孩子们需要什么材料和经验可以做到这件事情？”“这个活动是孩子真的喜欢的吗？”“我倾听到的孩子们的兴趣可以链接该年龄段的哪个主题活动？”“我如何将倾听到的孩子们的兴趣落实到一日生活中？”

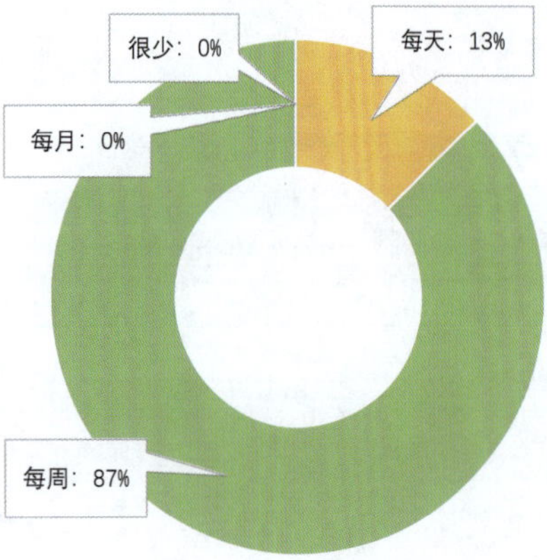

图 6　教师倾听幼儿讲述自己兴趣的频率

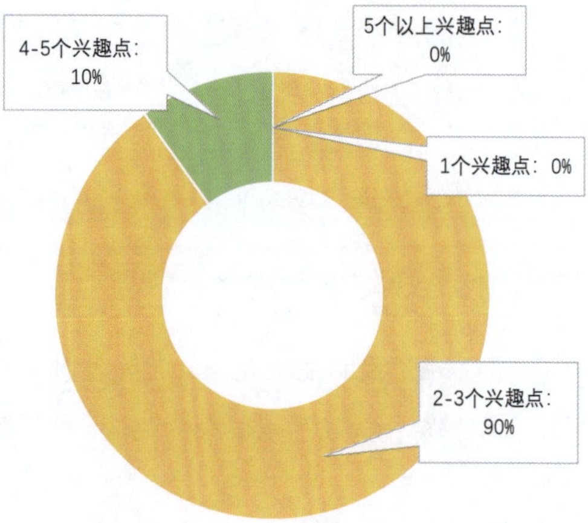

图 7　教师每周捕捉到的幼儿兴趣点的数量

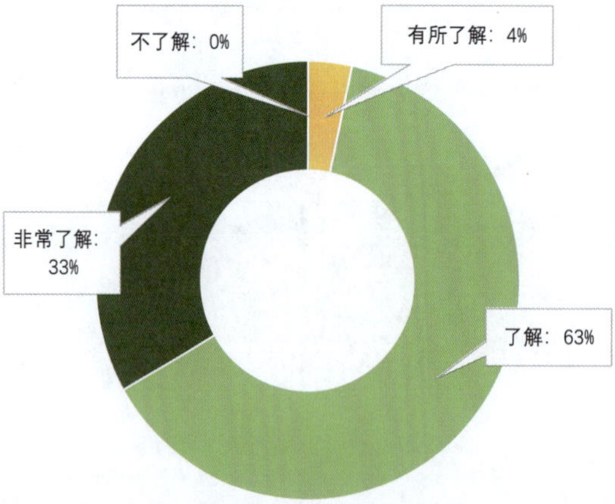

图 8　教师对幼儿兴趣点了解程度的自评

案例：信的探究

在自由活动时间，老师无意间听到诺诺、点点、鸣仔在讨论：“我要给妈妈寄一封信！”“这个信真的能寄出去吗？”其他小朋友也纷纷围过来，你一言我一语地讨论：“我看到邮票上有数字。”“我看到信纸上有很多字。”“信纸要投到信筒里。”对给妈妈写信这件事情，孩子们非常感兴趣，这成为共同想要探究的项目。

针对“什么是信”幼儿展开讨论，并将自己的理解记录下来。

于是，老师和孩子们展开了大讨论，并提供了调查表用于记录。老师以《点点和多咪的信》绘本帮助孩子们初步了解用图画表征的方式写信，组织孩子们参观邮局，了解邮递员是如何送信的。

“邮筒上面写了什么？”“邮票上的数字为什么不一样？”孩子们兴奋地向邮局工作人员提问，并将其回答记录下来。在邮局寄完信后，孩子们表示想在教室里做一个信箱，他们可以画下一天中开心的事情，通过信箱传给好朋友。

幼儿写的信和制作的信箱。

从此，孩子们越来越习惯运用写信的方式向同伴和老师表达想法和情感，后来在班级里还设置了邮局。

案例提供者：吴为

2. 观察并研究孩子，成为孩子的“脚手架”

对孩子进行观察和研究是教师的一项重要能力，只有教师对幼儿的行为做充分的观察和解读，才能发现真问题和真需要，基于幼儿的最近发展区和生活经验提供合适的“脚手架”。这样孩子们的探究才会是真探究，他们的游戏、学习状态才可以更自由、更自主，他们的探究对象可以更宽泛、形式才可以更多样，他们的探究场域才可以更多元。

案例：玉米的一百种吃法

随着秋季学期“好吃的食物”主题开展，老师创设了丰富的学习环境来支持孩子感受秋日丰收。其中“秋收体验”深受孩子的喜欢，包括剥玉米、剥花生、剥核桃、剥橘子。孩子们比比谁剥得快、谁剥的多、谁的方法最好。

在活动开展过程中，老师发现玉米是几种食物中消耗量最大的，每天都需要重新补给。于是开始观察和了解孩子为什么对玉米有如此大的兴趣。“玉米的味道香香的，很好闻。”“玉米可以一粒粒剥下来，我在家里就是边吃边剥。”“我很喜欢玉米，肯德基的玉米杯是我的最爱。”“每次看电影，妈妈都会给我买香香的爆米花。”听了孩子的回答，老师决定让玉米“一家独大”，把原来的“五谷杂粮铺”变成“玉米天地”，并提供新鲜玉米、煮熟的玉米、晒干的玉米和玉米棒等种类供孩子们选择。

令老师意外的是，调整后的“玉米天地”居然不热门了。在连续观察三天后，老师发现来到该区域的幼儿总人数不足10人，仅占全班人数的35.7%，这相较于活动开始的60.7%少了25%。

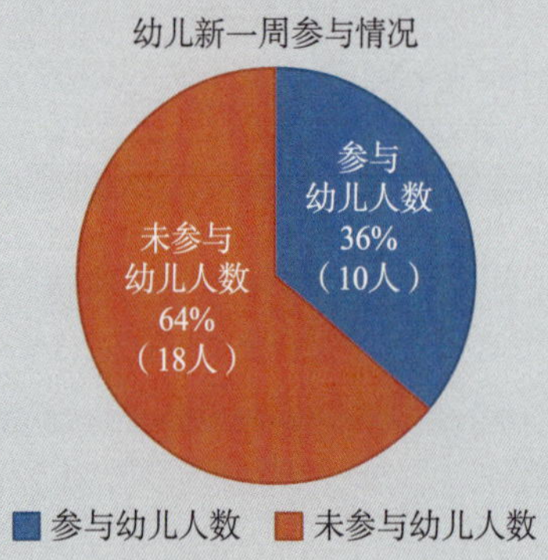

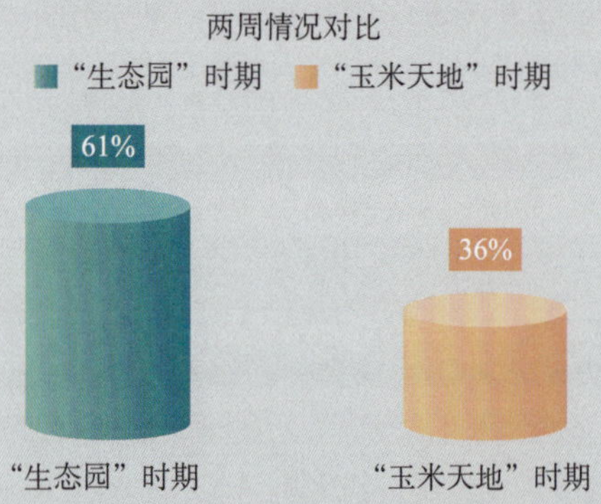

是孩子们的兴趣转移了吗？是活动内容不符合幼儿年龄特点吗？是老师误判了孩子的兴趣吗？老师开启了新一轮调查研究，以“1对N”谈话的方式邀请幼儿分享自己的感受。“如果不能吃的话，真的很不过瘾。”幼儿这样回答。老师恍然大悟，原来孩子们感兴趣的是“吃”，并不是玉米本身。

接下来“关于玉米的一百种吃法”的探究活动应运而生。孩子们从家中带来了由玉米制成的食品和手工作品。“新鲜玉米才能变成玉米汁。”“变成玉米粉的是干玉米。”“新鲜的玉米不能爆，放进爆米花机就变成黑漆漆的了。”孩子们变成了玉米美食专家，剥玉米、碾磨玉米、榨玉米汁，他们在“玉米天地”里忙得不亦乐乎。

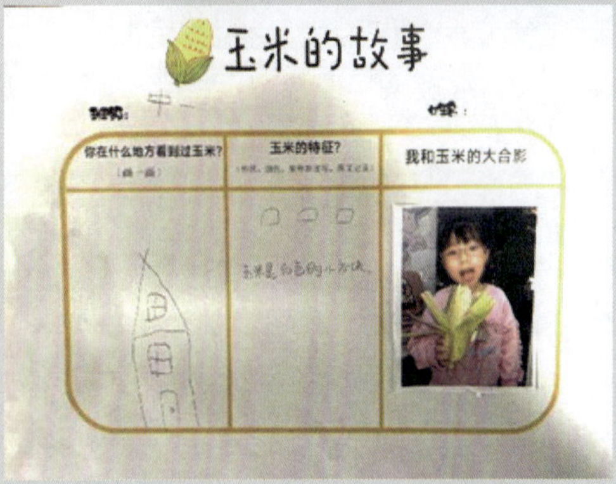

最后，由吃玉米的探究延伸成为一场策展活动，成功举办了“玉米的故事”桌面小展，并邀请其他班级幼儿前来体验和参与。

案例提供者：沈安琪

3. 尊重孩子多元表达，发掘孩子的闪光点

尊重孩子的多元表达意味着要理解和接纳孩子的独特性和多样性。当教师内心不能有唯一答案，而应是对“百花齐放”的尊重和理解，允许和接纳幼儿表达自己的兴趣与需要，给孩子多元表达的空间，这样才能看到孩子身上的闪光点。同时，尊重孩子的多元表达和发掘孩子的闪光点是相辅相成的。尊重孩子的多元表达能够让孩子在包容和肯定的文化中成长，不断增强自信，从而成为更好的自己。

1

2

3

1 > 教师耐心倾听，给予孩子表达兴趣与需要的空间，是尊重多元表达的开始。

2 > 孩子们通过绘画、手工等多元方式表达内心世界，每一件作品都是他们独特想法的呈现。

3 > 在被尊重和接纳的环境中，孩子不断增强自信，勇敢展示闪光点。

案例：妙剪生花

林曦明现代剪纸艺术馆是离龙山幼儿园仅几百米的一家非遗剪纸艺术馆。孩子们在参观艺术馆、听艺术家详细介绍并体验剪纸之后对剪纸产生浓厚兴趣，举办一场策展活动的想法由此而生。

真正的剪纸艺术对幼儿来说是较难操作的，教师该如何支持他们的学习？如何让孩子不破坏剪纸的乐趣的情况下让幼儿的作品能够具有一定的表现力，而非随意玩票呢？

一开始，老师投放了折纸材料，让幼儿理解剪纸需要从折开始。最初，孩子们可以自由折纸。豆豆发现如果仅有一次对折，图案会全部集中在折痕的一侧；第二次她在空白处反复对折再对折，这样做确实能整张纸都布满图案，但图案全连成一串，并没有发散；第三次运用了步骤图中最难的三折法，图案开始从中心往外扩散了。有了这样的体验和尝试，孩子们便了解了花纹和镂空图案的形成要建立在正确的折纸基础上。为了满足持续探索的需求，老师又增加了折法手册、剪纸图案手册、多媒体设备。豆豆在经过持续多次的尝试后，终于完成了自己想要的作品。教师的支持需要顺应孩子的需要，预设要根据问题的发现不断地调整跟进，而不是一成不变。

剪纸这项活动需要幼儿具备手部精细动作控制能力。小泽对剪纸有兴趣，但由于尚不能精细控制手部动作，无论怎么剪都无法达成目标。老师随后增加了压花机、花纹纸和折好的样板纸，借助工具帮助他取得成功。剪纸还需要一定的空间想象力，恺歆尝试了很久的折法都没有成功，他转而拿起剪刀按轮廓剪下贴在了纸上，一幅美丽的拼贴画就完成了。老师觉得这也是适合孩子的表达方式，因此增加了装饰袋、装饰扇、花边剪刀、辅助材料和多样的作品底板作为支持。

随着剪纸活动的开展，老师观察、研究着幼儿，以他们的行为、想法和需求为依据，关注材料的层次性，跳出预设与思维定式，接纳孩子自己的学习方式，并提供有效的支持。

案例提供者：夏佳辰

4. 与孩子共同探究，成为更专业的支持者

在策展实践中，几乎每一个策展主题都不那么“常规”，而策展内容需要建立在深度探究的基础上，教师常用的素材库和常规教学活动在此失效了。因此，在策展中迫切需要教师转变自身角色，成为更专业的支持者，与孩子共同探究。

在策展实践中，教师不断完善行动研究的能力，师生共同参与教学设计和实施过程，通过实践来解决实际问题，这样的转变也让教师的专业能力显著提升。

1

1 > 在策展实践中，教师与孩子共同讨论，发现每一个孩子的奇思妙想。

案例：苗族奇旅

在“我是中国人”主题下，孩子们对少数民族有浓厚的探究兴趣，经过班级内投票，大家确定要开展“苗族奇旅”的研究，并将研究成果以展览的方式呈现在秋艺展上。

确定“苗族”这个策展主题时，老师的内心是非常焦虑的，因为老师从来没见过苗族人，从未去过苗族所生活的区域，对苗族的了解几乎为零。那要如何支持孩子们的探究呢？因此，老师率先开启了自己的苗族探究之路。首先观看纪录片《苗寨八年》，了解到苗族居住的村落叫“寨”，苗族的小男孩和小女孩叫“小黛帕”和“小黛那”，苗族的刺绣工艺苗绣世界闻名。经过一番研究，老师有了底气。

针对“秋艺展做什么”孩子们展开提议。
最终，幼儿以投票的方式决定围绕苗族展开研究和策展。

通过观察孩子们的学习兴趣和问题驱动，老师意识到要让更多人爱上苗族文化，需要创造一个身临其境的体验环境。孩子们希望能够变成苗族人，了解他们的生活方式、银饰制作和舞蹈表演等方面。为了满足他们的需求，老师带领孩子们观赏了相关纪录片，但他们仍然有疑惑，为了解决孩子们的问题和推动学习进程，老师提出“化身小黛帕小黛那”的任务，鼓励孩子们通过亲子调查、资料收集等形式，自主地去了解苗族文化。孩子们在发现、操作和实践的过程中逐渐找到了答案，他们自己搭建了银饰首饰工坊，还创造了苗族舞蹈表演舞台。

孩子们在这个区域设计苗族服饰。

孩子们在这个区域制作苗族喜欢佩戴的银饰。

这次的实践活动不仅让孩子们得到了身临其境的体验，更重要的是培养了他们的自主学习能力和探索精神。同时，这样的活动也促使老师不断提升自己的专业能力。老师也需要不断学习和研究苗族文化，为孩子们提供更丰富和准确的知识和指导。

孩子们以服饰、银饰、舞蹈等内容来展现他们对苗族的了解。

案例提供者：马怡菲

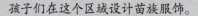